# 真珠時間

短歌とエッセイのマリアージュ

松平盟子

本阿弥書店

真珠時間〜短歌とエッセイのマリアージュ　目次

# 真珠時間

## 琥珀時間

# 真珠時間

~短歌とエッセイのマリアージュ

松平盟子

カット　渡邊隆二
装幀　渡邊聡司

# 真珠時間

香草が好きだ。こうそう、と読むこの草は、いわゆるハーブ。たとえばパセリ、クレッソン、ミント、ラヴェンダー。

バジルはトマト料理に合う。ロリエは肉料理を引き立てる。

バジルという言葉の人なつこさは、トマトの甘酸っぱさと赤い色にぴったりだし、ロリエの響きの気高さは、月桂樹の葉の神韻をそのまま表している。

香りはときに記憶の中に織り込まれる襞深い影。一瞬の記憶が切なくわたしの髪を後ろへ引き、夜へ導く。初夏の夜はローズマリー。盛夏の夜はタイム。

短か夜は香り夜。

（№3　1993・夏号）

秋風が吹きはじめると、新しい皿が欲しくなる。とりたてて高価な逸品である必要はない。五枚とか六枚の揃いでなくてもいい。国の東西も問わない。ただ、秋風がその上を吹き抜けるとき、ひやりと存在を際立たせる、やや薄手の皿。

染付なら、白地に藍や朱の紋様が繊細に映えるもの。傷つきやすい紫檀の卓にそっと置く。

青磁なら、地色の深いつややかなもの。梨の実のほのかに甘い香りと響き合う。

両手に受けて、重すぎも軽すぎもしない皿。

秋風を乗せ、秋霖に煙る。

(No.4 1993・秋号)

冬のガラスは、どの季節に見るよりも美しい。

窓も、花瓶も、ゴブレットも、シャンデリアも、冬の深まりの中で冴え冴えと磨き上げられ、研ぎ澄まされる。

冬のガラスの、もうそれ以上は形を保てない、ぎりぎりにまで凝縮し、張り詰めたさま。それはわたしを醒めた酩酊に誘う。

ラリックの瑠璃色ガラスの指輪を割ってしまった。テーブルの角に、かすかにかつんと音がしたと思ったら、ガラスの破片が指の腹にきらきら光っていた。

ガラスの指輪は、割れていっそう、わたしの指をしめつけた。

（№5　1993・冬号）

桃と百。

どちらも、もも、と読む。

ももという音色の、柔らかさ温かさ。赤ん坊の声に似る、あどけない懐かしさ。

雛の日に、桃を飾る。

ふくらみかけた、たくさんの蕾。咲ききる前の桃の、紅を含んだままどかなふくらみは、紅色の闇を内にたたえているだろう。

もものつぼみは、桃の蕾。そして、百の蕾。平和と安寧への祈りが、もものつぼみに託される。

いつ開くの？

ふと気持ちをそらしている間に蕾は開き、散る。

ももくれないはちるばかり。


（№6　1994・春号）

夏が始まる前の、長い雨の季節。
長雨を、今日も眺め暮らす。
降り続く雨を、ただ、ながめる。
はなのいろは　うつりにけりな
（花の貌《かんばせ》ですって？）
いたずらに　わがみよにふる　ながめせしまに
鏡の中に浮かぶ顔。
顔の後ろに垂れる雨。
雨の向こうに消える時。
時のかなたに失われた夢。
人生の夏はもう過ぎた。
なのに、
梅雨のあとには、やはり夏。
露の秋へ、一足飛びできない。

（No.7　1994・夏号）

ぴっちりしたシャツに細めのネクタイ、
または渋いスカーフ。
パンツスーツを身につけると背筋が伸びた気がする。
秋の mannish な装いが好きだ。
凜として快活な姿は澄んだ空気を裁断する。
では womanish な装いは?
ファッション雑誌に答えはない。
woman が形容詞化されたとき、軽蔑と揶揄の意が込められ、
すべては決まった。
mannish と womanish は、対語ではない。
触れ合わないままに、
ねじれの位置に佇む、言葉と言葉。

(№8　1994・秋号)

吟醸酒の吟には詩歌を作る、の意味がある。
詩歌に節をつけて口ずさむ意も。
なるほどね。
いいお酒は、醸造される過程で
まるで歌を詠むように
ふつふつと、ふつふつと歌い続ける。
白く濁った米麹の大樽をのぞいたことがある。
酒造会社の大樽だ。
湧き上がる発酵の匂いにくらっとして前のめりになった。
きっといるだろうな、飛び込んでしまった奴。
新酒の出来るのが待ち切れなくて、
樽の中に入って歌った奴。

（№9　1994・冬号）

液晶画面に向かう。
キーを押して文字を作る。
薄いプレートに言葉が浮かぶ。
十本の指の動きが意味を連ねる。
徐々に、徐々に
ものを考えるスタイルが変わった。
光に白く反射する紙にではなく、
内から薄黄緑に輝く画面に向かい
考える自分。
うつむかないで、
真っすぐ顔を上げて考える自分。
ペンで修正するのでなく、ディスプレイに打ち直しをする。
あとかたもなく消える文字は思考の経路を残さない。
水洗トイレに流すように
言葉の残滓は消滅するのだ。

（No.10　1995・春号）

いつまでも朝焼けのごと罌粟のごとにほへるものと思ひし心

与謝野晶子『春泥集』

恋は、激しければ激しいほど、あとに続く時間の波に冷やされやすく洗われやすい。晶子、三十二歳。もう若くはないと彼女は思う。けれど焼き尽くすような恋によって自分の人生を決めた晶子にとり、たとえその身は衰えることがあっても、恋心だけは期待とときめきに、いつまでも満たされていたかった。

朝焼けと罌粟。透明な赤さは、まさに匂うばかり。かつての恋の激しさと、それを愛惜する思いは、そんなはかない赤さに似合う。

（№11　1995・夏号）

秋となれば部屋と部屋とを胡桃の実のごとく区切りて誰も孤《ひと》棲《り》む

真鍋美恵子『雲熟れやまず』

秋は、ものの輪郭をはっきり浮き彫りにする。微妙な線を、あやまたず見せてしまう。

人の心の陰影も同じ。秋はそれを際立て、ときに無遠慮に暴きたてる。見えるのも見せるのも辛いから、一人に籠りたくなる。

古い日本家屋は便利だった。障子を放てばひとつの広い座敷となり、それを嵌めればいくつもの小部屋ができた。胡桃の実のように、ささやかだが安らかな空間ができるのだった

（№12　1995・秋号）

みどりいろの月より冷えし耳朶《みみたぶ》に秘説のごとく雪ささやけり

斎藤　史『ひたくれなゐ』

強く冷え込む夜は、月が緑色に変わるのだろうか。冷気がきーんと空間を固定する。緑色の月は、その天空をきしみながら渡っていく。この世の果てのような、この世の初めのような夜――。

凍えた耳は、緑の月よりもっと冷たい。その両耳に響くのは、雪のささやき。誰にも明かされない秘説にも似て、雪はそれを聞こうとする者にだけ、ささやきかけてくる。孤独の芯に貫かれたまま、かすかな安らぎが包むひとときだ。

（No.13　1995・冬号）

くちびるとふ二片《ふたひら》の紅、笛方と笛のあはひをただよふあはれ

水原紫苑『客人』

人間の口は、人体に空いた穴の中でもっともよく動く。開いたり閉じたり、歪んだり尖ったり。その口という穴の周辺に軽くふくらんでいるのが、くちびる。

くちびるはまた上下二つの肉の隆起だ。隆起はときに厚く、ときに薄い。透明感のある桃色だったり。濁った赤紫色だったり。同じものが二つとない、不思議な二ひらの肉片である。

龍管の音色の神秘さは、この二ひらの肉の動きから生まれるのだ。

（No.14　1996・春号）

ほたる滅びてほたる袋はほの白しひと日さやさやと雨に揺れたり

馬場あき子『飛種』

生物の絶滅種が年々ふえているという。これだけ地球をいじめれば、そうなることは目に見えているのに、私たちはそれをただ静かに黙認している。

蛍の乱舞というのを、二十年前に見たことがある。長野県のとある小さな町で。それ以来、蛍は映像の中でしか知らない。あの蛍はあれから、どうなったんだろう。

「ほ」という音は、はかない。はかないけれど、どこか温かい。ほ、ほ、ほたるはもう来ない?

（No.15　1996・夏号）

# 始めからふかい気持はないはずの詩の沼に入る女人のあはれ

岡井　隆『夢と同じもの』

どの短歌結社誌や同人誌を見ても、女性の名前がたくさん並ぶ。俳句もそうだという。詩歌というジャンルに、これだけ女性が参加する時代は、幸か不幸か？

それより、男性が参加しない時代は幸か不幸か？

始めから深い気持ちはなかったはずの、ちょっとした憧れだって恋に変わることもある。ハマってしまったら仕方ないでしょう。真面目に恋して、恋が冷めても妙に真面目につきあってしまって……。

（№16　1996・秋号）

わが科《とが》の量《かさ》ほどほどに降りて止む越年の雪椿の上に

伊藤美津世『夕炎』

親切と思いやりをモットーとしている店だって、ときどき客を不満にさせる。まして生身の人間が親切や思いやりを忘れるときがあっても、不思議でないだろう。

でも、やはり気にかかるとして、一年の間に知らず積み重ねてしまった科は、どうやって贖ったらいい？

いや、今更できない相談だ。年を越すその夜につらつらと椿を眺め、つるつると蕎麦を食し、生きている身を潔斎するしかない。

（№17　1996・冬号）

# 荒れている妻を離れて子と作るありあわせとうむずかしき技《わざ》

永田和宏『華氏』

寅さん映画をあまり見たことはなかったが、このセリフだけはしっていた。

「それをいっちゃあ、おしめぇよ」。

言うに言われぬ思いを抱いて、男は生きているらしい。

富士山に月見草がよく似合うように、男にはやせ我慢がよく似合う。

妻の不機嫌はさもあらばあれ、夫はしばし「ありあわせ」の避難所で嵐をやりすごす。子供とそそくさ食事の用意などしながら

（№18　1997・春号）

# 道草の恋をしようよベランダの人工芝に飲む生ビール

俵　万智『チョコレート革命』

真剣になって、なりすぎて、引き返せなくなることがある。ちょっとした口げんかが怒りに変わってしまったり、議論を重ねているうちに、どうしても言い分を通してみたくなったり。

恋もそう。まだ友達に引き返せる余裕があったはずなのに、気が付いたら、にっちもさっちも行かなくなっていて……。

道草のような思いつきの恋もいいよ。ときには、さ。生ビールも、二人きっとおいしく飲めるから。


（№19　1997・夏号）

望郷を心弱りというなかれ秋を来て踏む紀州街道

道浦母都子『夕駅』

東京に生まれ育った友人が、ふと呟いた。

「故郷とか田舎がある人って、いいな。どこかちゃんと帰る場所がある、受け入れてくれる所があるって感じだもの」

どこに生まれても、帰る場所のない人は、きっとたくさんいるよ、と言いかけて、やめた。

望郷は、私たちの心に蔵われた、懐かしい布団のようなものかもしれない。ならば、布団は暖かいと信じているだけでいい。

（№20　1997・秋号）

# こがらしはわが楽天をさらはむと古里にも吹く　負けるなよおはる

池田はるみ『妣が国　大阪』

心配や不安が続いて、ある日、ついに一人で耐え切れなくなる。どんな能天気な人間だって、きっとそんな日はドシャブリや、シップウドトウだ。

岡本かの子は〈かの子かの子はや泣きやめて淋しげに添ひ臥す雛に子守歌せよ〉と、うたった。

女が自分に呼びかける声の甘さを、「例のナルシシズムさ」と片付けてはいけない。こんな甘さでようやく自分を保つしかない、深い孤独も、ときにこの世にはある。

（No.21　1997・冬号）

# 新宿の木陰に見れば娘より母美しく連れ立ち行けり

上野久雄『夕鮎』

あるとき四十代も半ばを越えた友人が、こんなことを言った。

「このまえ娘と街を歩いていたの。男性たちの視線が妙にチラチラ集まってきて……。でもね、それ、私にじゃなかったの。娘に、なのよ。なんだかショックね」

美しく成熟した彼女が、ちょっと悔しそうに笑った。娘ねぇ。

二十歳を過ぎたばかりの娘と競う気はないが、なにか決定的な差をつけられた母。でも断然、母の方が魅力的に見えるのだ、私には。

（No.22　1997・春号）

# 愛それは閉まる間際の保育所へ腕を広げて駆け出すこころ

松村由利子『薄荷色の朝に』

働く母はいそがしい。幼い子供を保育所に預けて働く母親は、なお。迎えの時間が迫ると心が急き、職場から出るや表情が少しずつ、少しずつ変わる。いそいそしながらも、顔の輪郭が柔らかにゆるむのだ。閉まる間際の保育所に駆けつけて、愛は頂点に至る。

こんな愛を噛みしめるとき、子供は恋人だ。恋人が細い二本の腕を掲げて走りよってくるのが見える。空気が揺れ、甘い匂いがまっすぐに届く。

（No.25　1999・夏号）

一つ仕事為し終え飛行機乗り継ぎてまた次の街へ　私は眠い

三井　修『アステカの王』

二、三時間ならいい。でも六時間を越える時差の大きさに立ち向かうのは、つらい。かなり辛い。

最初はぼんやり。なんとか日程はこなせる。が、ある瞬間、猛烈な睡魔に襲われる。普通の眠りではない。心身がその淵に、ずるずると、ずるずると引きずりこまれ、奈落へ陥るまで、ずるずると……。

海外での商談は戦いだ。しかし怖いのはむしろ戦いの緊張が解けたとき。睡眠の底無し沼に、気づかずして、ずぶり沈み込む。

（No.26　1999・秋号）

# 精神の抵抗力は肉体のそれに如かずと、言いたいのだろう？

大島史洋『幽明』

精神と肉体は、一人の人間のうちにありながら、バランスをとるのがひどく難しい。いつもどちらかが先に自己主張をして、もう一つがそれに従い、または逆らう。

では外部から加わる理不尽な力に対して、でなければ香しい誘惑に対して、肉体と精神はどちらがより強く長く抵抗できると思う？

あなたがもし答えに口ごもったら、たぶんそれが答えのすべてです。熱いコーヒーに舌が焼けて答えられなかったとしても。

（No.27　1999・冬号）

酒を喰らひハンドル握る　トラクターよろけず走れ　月の夜だよ

時田則雄『ペルシュロン』

からだが大地と密着している実感を、私はとうに忘れている。海水に曝されたからだに、皮膚一枚を境にして浸透圧が鬩ぎ合う圧力を、私はもう記憶していない。

太陽と月の光が刻々と変化するさまを、私は自信をもって歌えない。そんな人間の行く末は、きっと心の骨が骨粗鬆症になる。

ある日、ささやかな鬱が私の心をポッキリ折り、そのまま再起不能、介護保険のお世話になるだろう。合掌。


（No.28　2000・春号）

われひとり　ひとりであれば蟬を食べ いいようのなき午後のしずけさ

渡辺松男『泡宇宙の蛙』

電子メールを利用するようになって、受話器に手を伸ばす機会が激減した。部屋が静かになった。自分の声が自分の部屋に響かない。相手の声が自分の脳へ入らない。

ひとりでする食事は、電話のベルが鳴らない限り中断されない。いいことだ。ひとりでする食事は、自分が許すならなんだって食べてかまわない。すてきなことだ。

で、そうして、蟬を食べたいと思ったら、ぶるぶる羽を震わせる蟬を頭からシャリシャリ嚙んでみたっていい。その後、部屋はもっと静かになるだろう。

（№29　２０００・夏号）

支離滅裂に吹かるるコスモス　群れ咲きて互みに助け合ふことあらず

青井　史『青星の列』

考える葦も、うなだれる合歓も、惑いやすいコスモスも、その弱点があらわになるのは、いつも風が吹くときだ。風は本音を引き出す名手なのかもしれない。

コスモスが揺れる。風の揺さぶりに乗って、支離滅裂に揺れる。腰の弱さを狙って吹く風に、コスモスは右往左往しながら、それぞれの悩みを訴えてしまう。だからって、なんの解決もつかないのに。一本一本の傷みは、どれも癒されないのに……。

愚かにも、私まで吹かれている。

（No.30　2000・秋号）

# 残し置くものに未練はあらざれどうすきガラスのこの醤油差し

永井陽子『小さなヴァイオリンが欲しくて』

今年一月、自らこの世に「さよなら」した歌人がいた。

でも彼女は、本当はもう何年も前から繰り返し「さよなら」を囁き続けていた。遺歌集『小さなヴァイオリンが欲しくて』を読むと、それがとてもよくわかる。

残された者は悼み回顧する言葉をもつけれど、彼女の身辺の「物たち」は所有者を失って、ただ沈黙するしかなくなった。

繊細なガラスの醤油差しは、黒い液体を抱いたまま静かに揺れているのではないか、そのときからずっと。


（No.31　２０００・冬号）

筑波嶺にどんと腰掛け雷神は春まだ浅き海を見ており

田中拓也『夏引』

東京の末端神経顫動的現実を休むことなく送っていると、ときおり体のどこかから、ほとほと水が漏れている気がし始める。

ほとほとほと。足元を見おろす。

なにも零《こぼ》れていない。

ほとほとほと。後ろを振り返る。

どこも濡れていない。

でも感じる、どこかへ消えてしまった私の水の存在を。だって、私はこんなに窶《やつ》れている。

筑波の嶺の冬眠から目覚めたガマに会いたい。嶺の上で早春の海を眺める雷神に会いたい。今日。


（No.32　2001・春号）

# 背くこと怖しと思う夕立はアスファルトを甘く匂いたたせぬ

梅内美華子　『若月祭』

降り出した驟雨が叩きつけるアスファルトは、突然、生き物に変わる。
なんなのだろう、このにおいは。
雨粒の一滴一滴に誘われて、においたつアスファルトの、言いしれぬ
生々しさ。
懐かしいような、哀しいような、苦しいような、におい。
匂いではない。臭いでもない。
ひらがなの、におい。
困る。私はこのにおいに閉じこめられて、泣いてしまいそうになる。
そして、抱かれたくなる。

（No.33　2001・夏号）

# 逃げる、のは無理だな、白き毒として窓辺に揺れる朝のコスモス

荻原裕幸『永遠青天症』

逃亡はいつだって未完に終わる。未遂じゃあない、未完だ。逃げかけて、なぜか途中で終わる。

ＪＲに乗って、地下鉄に乗り継いで、別の路線に乗り換えて、歩いて、きっとお腹がすきはじめるから〈うなぎや〉に入ろうと思うけど逃亡者には贅沢だから〈スターバックス〉でサンドウィッチとコーヒーということにして、ちょっと疲れたから文庫本を読んで、なんだか急に眠くなる。

なんど振り出しに戻るのか。

朝、白いコスモスなんかが窓辺で見張っていると、午後には決行だぜっ、て凄んでみせるのだ。

（№34　２００１・秋号）

# せつかちな少女の黄なる靴のやう落葉は駈けてわれを残せり

米川千嘉子『一葉の井戸』

少女のころの記憶が、無数のショットとして散らばるときは、そこに埋もれているしかない。

池の底に透明に沈む蛙の卵が不思議なとぐろを巻いていたことや、トウキョウという都会からの転校生の眩しかったことや、白血病の同級生の見舞いに行って細い首のその少女に何か殊勝な言葉をかけ母親が涙を浮かべたことや、鯨肉の薄切りの毒々しい赤に嘔吐しそうになったことや、父親を亡くした男の子がミチルという名前であったことや、砂利道で見知らぬ外国コインを拾ったことや……。

私を、切なく復讐する。

（№35　2001・冬号）

# 旅するといふは封印するごとしいちど旅したところはどこも

小池純代『梅園』

ふだんは怠け者で腰が重いくせに、旅を思うと元気になる。旅の時間に浸り、そこにたっぷりたゆたって、そして帰る。

さて、帰りついたあと。宿題ノートを閉じるように、私は完結した旅をもっと完結させたくなるのだ、いつも。なにもたいしてわかったわけでないのに、吐息のうちにファスナーをジジーッと上げ、旅の時間を閉じこめる。疲れといっしょに閉じこめて、終わる。

では、死者は?

その国に辿りついてから、ファスナーをジジーッと上げて、こちらを締め出しているのだろうか?


（№36　2002・春号）

# 抱擁をください　風を送りだす装置が遠い夏野にまわる

東　直子『青卵』

時は残酷なまでに人に寄り添う、と思う。心がいくら急いでいても、同じところに佇んでいても、時はじっくり側にはりついて離れないのだ。そして言う、「で、どうする？」

あの夏も、そうだった。うんざりするほどの熱気がからだを締め上げ、私を許してくれなかった。

〈やっちゃえよ、あれを〉あれって何？〈あれは、あれさ。わかってるくせに……〉

熱気がもっと私を締め付ける。

風がほしい、と切実に感じたとき、夏野を越えて風が――。

頭がくらりと透明になる。熱気が舌打ちをしながら汗ばんだ腕をほどく。そんなときも側にいた、時は。

（№37　2002・夏号）

つぶし来《こ》し苦虫の骸《から》つまるらむ鏡に映る顎のたるみに

安田純生『でで虫の歌』

滑稽であることは、楽しいことか？

愚かしいことは、つまらないことか？

諧謔を弄しながら、後ろめたい淋しい顔をする人がいる。己を戯画的に言いなし、にこにこ笑いながら、ふっと放心する人がいる。

ねえねえ、この水色のシーツに寝ころんで、ついでに大きな欠伸をしてごらんよ。

臍がひょこっと覗いたっていいじゃない。臍のまわりの贅肉のふくらみがぽわっと微笑んでもかまわない。

汗をぬぐってあげるよ。

それから、いっしょに午後を眠ろう。


（№38　２００２・秋号）

われを見る樹下の牡鹿よ　ひとはいつ滅ぶかきみもわかつてゐるか

坂井修一『牧神』

目はものを見るためにある、というなら、あの牡鹿の目は何を見ているのか。

目前の私を凝視しているようにも、私の後ろに騒立つ冬の広葉樹を眺めているようにも、樹林の奥に沈みかけた太陽をさぐっているようにも見受けられるのだ。

牡鹿はきっと知っているんだね。すべてが向かう、その先の光芒がどんなに美しいかってことを。

牡鹿が見納めようとするものを、私は牡鹿の目の中にみつめる。

（No.39　2002・冬号）

青春の身体が礼《ゐや》し証書受くひとりひとりが晒されて去る

川野里子『太陽の壺』

卒業式という儀式は、結界を定めるためのラインを、太々と引くことではないか。

儀式は、いつもたいてい愚かしいほどに峻厳だ。

儀式が引く太いライン。

それを跨ぐ若い身体を思う。

眼前から押し寄せる時間がひりひりと擦過し、見る見るうちに大人へと変容する身体。

拒否も拒絶もできない一方的な変容を哀しまなかった人は、これまでにいたか？

残酷なラインが今年も引かれる。

（№40　2003・春号）

# 白き花バージンロードに飾られて死にゆくものに囲まれて座す

錦見映理子『ガーデニア・ガーデン』

華燭の日には、白い花で花嫁を飾り祝うという習い。そう、無垢な白さは眩しい。

けれども花は花。その日のうちに色褪せて枯れる宿命なのだ。花嫁は自分のことで精一杯。だから花のことなんかに目もくれない。

白花は徐々に生気をなくし、純白は純を失い、白は薄ら汚れて、バージンロードの両脇は花の苦痛の吐息で甘く匂い、そんな中を抜けた果てに、笑顔の彼女は花嫁の指定席に座る。真っ白の死の中。


（№41　2003・夏号）

巨大なるクレーン並びベルリンの未来の切れ端吊り上げてゆく

香川ヒサ『ＭＯＤＥ』

勢いあるものには、疑いが内包されてないように見える。疑いのないところに、勢いが生まれるのかもしれない。

ベルリンの壁が消えると、内圧のまるで違う東西の空気が俄に混じり合い、風となって吹いた。風は林立するクレーン車を黒々と光らせ、そんな光景を私は何年か前に三人で見ていた。現地に暮らす日本人画家の青年と、白系ロシア人のその妻、そして私。

強風の中でロシア人の彼女が、クレーン車目がけて叫んだ。

「モスクワだって負けないわ！」

（No.42　２００３・秋号）

# 電子メールの束はかなしい焼くこともできず画面の水槽のなか

加藤治郎『ニュー・エクリプス』

手紙は紙の匂いをまとって届く。封筒を切る手応えと、折れ曲がった便箋を引き出す速度と、文字が手の中に広がる勢いと、そんなふうな一連の行為を呼び寄せる面倒な麗しさが手紙にはある。

メールは違うね。突然、画面の中に姿を現して文字の羅列を押しつけてくるんだ。

親しいヒトが親しくなくなって、嬉しい内容が嬉しくない内容に変容したあとは、「ゴミ箱をすべて空にする」しかないの？

クリックする指が、ほのかに汗ばんでいる。

（No.43　2003・冬号）

# 仰向きて桜の下に臥したれば花はさびしき音降らしゐる

内藤　明『斧と勾玉』

ひょっこり出てきたものは、不思議な情緒を呼び起こす。

小学校一年生の入学式が終わって三日すると、桜が満開になった。授業は午前中で終わり　私は大きなランドセルを背負って満開の桜の道をゆらゆら歩いていた。桜の花は濃く薄く重なりあって、ただただ美しかった。

でも、美しいだけではなかった。桜には「無音」という重さがあった。それは桜並木の続くかぎり、ずっと天を覆い、私のランドセルはやがて、ずうんずうんと果てしなく重みを増していった。

桜は重い。そんなことを、今夜ひょっこり思い出した。


（№44　２００４・春号）

# 部屋中にしたたる孤独がつくりだす半透明のミルククラウン

佐藤りえ『フラジャイル』

世界と自分との回路が見つからなくて、体が一本の芯だけになりそうな気のする時期があった。

十代の終わりから三十代の始めまでだったろうか。芯である私の体は、物が近くに落ちると反響し、意地悪な声が聞こえると震え、暑くても寒くても発熱した。

そんなとき、私はよく牛乳を温めて飲んだものだ。ゆっくり熱の伝う全身にその間だけは、世界が少しだけ私を受け入れてくれたように感じていた。

ただ、冷たい牛乳はいけない。芯を伝って滴るミルクは、足元でたくさんのミルククラウンを開き、綿の靴下を白っぽく濡らすのだった。


（No.45　2004・夏号）

# ふぐ刺しがのどを通るに動悸せり歓楽はいまだ吾を見捨てず

春日井　建『朝の水』

味覚を歓びの第一とすることは恥ずかしいことか。賤しいことか。

「舌」と、その人なら応えるだろう。とても静かに…。

〈いづこにて死すとも客死カプチーノとシャンパンの日々過ぎて帰らな〉と、その人は詠み、イタリアはリド島で悦楽の時を嘉した。

そう、良い香りを放つものを鼻の奥でしたたかに確認し、一刻ごとに味覚の歓びに震えることは、生きる意味そのものに引き替えていいのだ。

皿の向こうが透けそうな、ふぐの刺身。

ほのかな甘さを舌に掬い取り、咀嚼し飲み込み、その人は激しく動悸したのだった。


（№46　2004・秋号）

# きさらぎの山道を来てふりかへる人住む家といふこはれもの

島田修二『行路』

真夏に生まれた歌人が、真夏に死んだ。

おそらくは家族みんなにその生誕を祝われた男児が、七十余年を経て家族の誰の目にも触れられることなく逝った。

この歌人は、家族のことをいつも考え、考えるうちに迷い、迷ううちに希望と諦めを抱いていったように思える。

人住む家は壊れものか。

人が暮らす家が壊れものなら、そこに暮らす人も壊れものでない筈はない。

人は壊れもの。

二月の山道に振り返って見た家は、壊れものの優しさを湛えて、静かにそこに冷えていただろう。


（№47　2004・冬号）

# 一字市《いちじし》の蕨の春の駅頭にふはふはとせる人びとのむれ

小池　光『滴滴集』

埼玉県には蕨市という名の市がある。ずっと昔、そこへ行ったとき、蕨などまるで生えていないありふれた駅前のようすに、なんとなくがっかりした。

三重県には津市がある。駅に降り立った瞬間、船着き場があるかしらと見渡したが、何もなかった。

ぽつんと佇む漢字一つに折りたたまれた、たくさんの光景と時間。なんということもない漢字一字の地名の発見が、私に何かをたくさん語りたくさせる。それは漢字の力なのだろうか、それとも地名の力なのだろうか。

（No.48　2005・春号）

夏至すぎの青葉を畳む陣馬山ここより北へ芭蕉は行かず

吉田英子『光をつなぐ』

夏至の一日は、もしかしたら元旦よりも尊い一日かもしれない。翌日からは昼間の時間帯が少しずつ、確実に狭まっていき、とっぷり夜ばかりの世界へと一気になだれる予感が影をなすのだ。

元禄二年三月下旬に江戸深川を発った芭蕉は、五月十二日から十四日までを一関、平泉に送った。新暦でいえば六月二十八日から三十日。青葉が眩しいこの地を北限に出羽越えをした四十六歳の芭蕉にとって、旅の後半と己の残生は、青葉照りの中にちらちらと見えていたのではなかったか。

（No.49　２００５・夏号）

穂波とふ少女多かりしこの農の地いまもその名は絶えず続けり

伊藤一彦『新月の蜜』

日向は「ひなた」とも「ひゅうが」とも読める。こんな地名を戴く宮崎県は陽光のあふれるところなのだろう。

歌人はまた詠う。〈明るき陽《ひ》射せる刈田のうるはしき鷺ゆゑ会釈して通りたり〉〈シニシズムはるかにへだて七月の刈田ぞ金にかがやく日向《ひうが》〉と。

早場米の産地だから、いち早く収穫期はやってくる。稲を刈り取ったあとの明るい広がりに立つ鷺。その端整な姿に向けて、思わず会釈する。そんな土地に生まれたら、女の子の名前はもう決まったようなもの。穂波。ああ、ほなみ、という音には乾いて温かい風がたっぷりと孕まれているではないか。

（No.50　2005・秋号）

# ラフテーは泡盛で炊く年《とし》の夜《ゆる》は夜すがら豚肉《ぶた》を煮る香漂ふ

渡　英子『レキオ　琉球』

大晦日が迫ってきたらすること。たとえば大掃除。注連縄を買って戸口に飾る。餅やおせち料理を準備したり、予約したりする。そんな通念とまったく別の年末の迎え方が、同じ日本にある。沖縄。そこでは豚肉が料理の王様だ。とろ火でほたほた炊かれたラフテーが、どどんと大皿に盛られる風景を想像してみよ。〈旧正は豚正月なり豚一頭くまなく食べて歓び深し〉と、歌人は満腹の腹を押さえる。口元に光るのは新年の曙光ではない。そのダイナミズムが「やまとんちゅ」の私たちには眩しい。

（№51　2005・冬号）

ナイフならぬのど飴の感触しのばせてわがポケットも平和なりけり

岩田　正『泡も一途』

構えを見せておいて、すいとかわす手際の良さ。ユーモアがほのぼのと体温を伴って立ち上る。ポケットの隠しに納まっているのは、のど飴であってナイフではない。

「なあんだ」と言ってしまっては身も蓋もないか。

ユーモアの底に意地の悪さがないということ。作為がないということ。そんな短歌にくるまれ、〈車内の香異なり妙なり気がつけば髪に埋もれてわれはありたり〉と、隣の美女の髪に埋もれ、ああ、生きることはまんざらでもない。

（No.52　2006・春号）

水無月や日傘さす日の身は細り雨傘さす日身は太るなり

小島ゆかり『憂春』

同じ傘でも、日光を遮るものと、雨をよけるものとでは、どうも体の馴染みがちがうらしい。

六月の日差しはまだ強すぎるというほどでもないけれど、日傘にすっぽり覆われて歩くと、体はいささか涼しく締まる。

降りこめる梅雨の日には、体はまるで雨滴にふやけてしまったように傘の下で輪郭が曖昧になり、じんわり重く感じられるのだ。

柔らかな撓《しな》りを描いて、人の剝き出しの頭を包む傘。その下で、身体は気が付かないうちに伸縮をするのだった。

（№53　2006・夏号）

# 若き日の恋のうれひのかへりこよ。銀杏の並木　金にもゆる夜

岡野弘彦『バグダッド燃ゆ』

駅のちかくの小さな公園に、大銀杏の大樹が聳えている。樹齢はゆうに百年を越え、それでも春には緑の若葉をいっせいに噴き、秋には金色の光をまとうのだ。

私がこの大樹に寄り添うのは、過ぎ去った私自身の時間の途方さに沈むときだ。そして噛みしめる。思い出すという行為が引き寄せるたくさんの感情を、感情が呼びおこす深いおののきを。

〈そそり立つ黄金《くがね》の木立。夜半すぎし月のしづくにぬれて　かがやく〉

と岡野は歌う。

恋をするという生理の、ことにも若き日のそれを思い出すとき、闇なかの黄葉は、日差しの中で見るよりもいっそう金を深めるのだ。

（No.54　2006・秋号）

## 籐椅子に積む子供椅子その上に虫籠三つ　冬のベランダ

花山多佳子『木香薔薇』

ベランダという窓から張り出した空間は、空に向かって少しだけ個を主張する場所だ。洗濯物を干したり、鉢植えの植物や子供の玩具を置いたり。

時にスキー板だったり、ぎらりと光るヘルメットだったり、猫の絵のついた段ボール箱だったり。

そんなものが道から見えるのは低層階のベランダに限るが、なんだか妙にその家の生活が匂ってくるようで、可笑しくなる。

冬のベランダに積まれた籐椅子と子供用の小さな椅子。その上の虫籠三つ。普段は忘れかけているのに、見つめ始めるとそれぞれが家族の思い出をまとい、いつまでも目が離せなくなるのだ。

（No.55　2006・冬号）

鶏万羽さらに万羽の鶏が死にさくら前線咲き上りくる

馬場あき子『ゆふがほの家』

鳥インフルエンザは、無辜の民ならぬ罪なき鶏たちを襲い、人間はその感染を恐れて彼らを殺した。躊躇なく。

いや、飼い主たちだけは目の眩むほどの躊躇ののち、躊躇する感情を殺したのだろう、きっと。

去年の春、鶏たちの真っ白の屍の山がテレビで放映され、日本中の人間の目がそれを視た。一羽ずつの命が山なす屍となり果てたとき、命のそれぞれが持っていた体温は消え、あの一帯の気温が一度下がったというのは、嘘か本当か。

北上する桜前線は、白い花々でその上を覆い、日本人たちは次にはその白さに目が眩むのだ。

（No.56　2007・春号）

旅に来て無職のわれは手配師に「兄《にい》ちゃん」と声掛けられており

谷岡亜紀『闇市』

旅行会社のパックツアーや、添乗員がすべてを手配してくれる道筋の通った旅は、安全という担保を得た幕の内弁当のような旅だ。彩りは良いが歯応えは弱い。

しかしこの歌人の旅は違う。自分の肌を、ヒリヒリとその土地に擦りつけるように歩き回り、裏道や路地を彷徨う。胡散臭い店に入り、安酒など呑んだりする。

身体を通過し、感受するものから詩を見出す。それはリアルの意味をどこまで徹底させるかの一つの賭けだ。賭けは喧嘩と同様に負けることもある。負けてモツを噛み焼酎を啜りもする男なのに、なんとも優しげな名前を持っているのだ。それが妙に嬉しい。

（No.57　2007・夏号）

# 夕照はしづかに展くこの谷のPARCO三基を墓碑となすまで

仙波龍英『わたしは可愛い三月兎』

八〇年代はどんな時代だったのか。その一つの答えが、この歌から見えてくる。いや、見えてくるというより、一首の内側から滲んでくる。渋谷はいまでも雑踏極まりないが、バブル期を迎えようとしていた頃の渋谷は異様な熱気にゆらゆらと包まれていた。三つのPARCOのビルはその象徴的存在であり、大都市の豊かさと野放図な時代肯定感を携えて空に迫り上がっていた。

そのPARCOを、あたかも黙示録内蔵の塔のような存在に眼前化させたのは仙波龍英の歌による。バブルが増殖する前に、仙波の歌の中ではバブルの象徴が終末の姿を曝していたのだった。

（No.58　2007・秋号）

雲の縁《へり》しろがねいろに輝くをいはば滅びの途上にて見き

大辻隆弘『夏空彦』

「夏空彦」という文字からは、おおらかな大気の匂いと、際だって青い空の広がりが押し寄せてくる。素敵な誘い文句みたいに。「いはば」という持って回った表現、「滅びの途上」というドラマ性は、だとしたら何なのだろう。

戸惑いは眩しさに似ている。

きっと私は羨んでいるのだ。私が失った大切なものが、まだここにあることを。または私は渇いているのだ。飲み干して空になった何かに対して。そして、「滅びの途上」と言う人にそう感じている私の背を、今あなたはもっと激しく見つめているね。

（№59　2007・冬号）

# 世を経たる女雛男雛のけなげさはいまのわたしのどこか励ます

中川佐和子『霧笛橋』

女雛と男雛は、生きている人間なら二十歳前後の匂うような美しさを湛えていた。

少女のころの私は、弥生になると気恥ずかしいような眩しさを感じながら、二人を眺めたものだった。

しかし、いつしか二人を押入のどこかに仕舞ったまま忘れ、私だけがあっという間にそのカップルの年齢を越えた。

もしいま取り出して見たら、きっと娘や息子のような年頃と映るのだろう。

女雛と男雛は長いこと暗い箱に入ったまま、清らかな微笑みを浮かべて、この殺生な母親を待っている。


（№60　2008・春号）

# 『三四郎』に押し葉挟みしページあり迷える羊《ストレイ・シープ》と美禰子は言いぬ

井上良子『月の裏』

漱石は女性の不可解さを丸ごと捕らえるのが巧みだった。

女性が自身の内にある不可解さを解明できないままそこに在る姿も、あるいは本人なりに分かったような気分でいる姿も、恐ろしくリアルに描き出す。外側からぞっくりと透明な袋に入れて括り、読み手の前に言葉で差し出す。

しかし、そんな女性とともに生きねばならないのが男性の宿命であることも、漱石は知悉している。

それゆえに苦しむ。苦しむ男性自体がまた不可解であることに喘ぎながら。

美禰子は、わたしだ。美禰子の末裔を生きる女がここにもいる。

（№61　2008・夏号）

# 啄木の日記の上に目覚むれば干し草ほどに乾ける活字

花山周子『屋上の人屋上の鳥』

啄木日記は、しばしば読者を戦かせる。十代、二十代の心の動きがあまりに克明だからであり、社会への怒りや文学への夢や家族への屈折した愛が、あまりに濃厚だからである。

人の生の襞に触れる。襞は柔らかくていつも湿っている。活字という記号を通して、その湿ったものに心が届いたと思うとき、百年という時間は消える。

やがて、うつつの今に戻ったとき、活字は懐かしい匂いを帯びて、そう、まるで干し草のようで、さわさわと両手に抱えたくなるのだ。

（No.62　2008・秋号）

# アナウンスの二音の響きのさりげなさ「保田」に冬日の光こぼるる

秋山佐和子『茂吉のミュンヘン』

美貌を謳われた女流歌人は何人かいる。が、原阿佐緒ほどマスメディアの集中攻撃を受けた人も少ない。

「理論物理学の権威で妻子もある石原純を籠絡した毒婦」。

彼女に貼られたレッテルだった。

実際には「アララギ」で阿佐緒に出会った石原がストーカーまがいで追いかけ、それに屈する形で阿佐緒が受け入れた愛。

大正十一年、千葉は内房の海浜「保田」で、二人はひっそり暮らし始める。

追い詰められた愛は淋しい。三十五歳の阿佐緒は、すでに充分に中年だった。七年後に破局。

彼女はその後さらに四十年を生きた。

（No.63　2008・冬号）

## 語尾つよきけふの春風電線をひゅんと泣かせてわれへと向かふ

尾崎朗子『蟬観音』

今年は春一番が二月半ばに吹いた。

まだ緑の萌え出ていない欅並木は揺れざわめき、枯れ葉が舞い上がって飛ばされた。街の四囲を走る電線は、不規則に震えながら、それでも春一番を懸命に捕らえていると思った。

語尾の強い春風とは面白い表現だ。そんな春風が、電線を「ひゅん」と泣かせながら自分に向かって吹く。

そう感じる女性の心には、きっと言いしれぬ痛みがある。

抵抗も言い返しもできないままに全身に浴びる春風を、それでも仕方なく受け止めてしまう受け身の哀しみがある。

「ひゅん」と泣いた春風に晒されたあと、丸裸の心には、きっと無数の擦過傷が残されるのだ。


（No.64　2009・春号）

胡瓜、胡桃、胡椒ところに数ふれば西域遥か胡の国いつつ

渡　英子『夜の桃』

漢字は、それがたった一文字であっても、なんとたくさんの情報を収めていることか。

キュウリ、クルミ、コショウと耳で聞けばそれぞれ異なるのに、漢字で書かれた瞬間にたちあがる「胡」の共通文字。

「胡」とはもと中国の北部西部の五つの異民族のことだった。胡弓という楽器が遊牧民のそれであったように。

「胡」からの渡来食材を、極東の民が今日も口にする。草原や砂嵐やラクダの商隊の記憶をもつそれらを。

（No.65　2009・夏号）

# 山時雨聴きしならずやあふむけに冷えわたりたる大津皇子は

小島ゆかり『折からの雨』

大津皇子は、容姿は男らしく文武に秀で、人心を掌握していた。けれどもそれゆえに権謀術数の政争に敗れる。死を覚悟した大津は、伊勢の斎宮をつとめる姉・大伯皇女に別れを告げに訪れた。——時は秋。

それだけしか知らないのに、険しい山中を歩きとおして疲れ切った青年が私の心に浮かぶ。青年は色づいた草の葉の間に倒れこみ、放心したように仰向いていたことだろう。冷え渡った身体は、刑死の前にすでに死の冷たさを味わっていたに違いない、ばらばらと音を立てる時雨を浴びながら……。

悲劇の主人公はいつだって過酷な運命に弄ばれて苦しむ。だからなのだろう、逢ったこともない大津皇子に、私は数十年も恋し続けている。

（No.66　２００９・秋号）

# 風の両腕《もろて》を自転車に受くぺらぺらなクリアファイルに吾はなりたくて

柚木圭也『心音』

不覚にも涙が出ることがある。「不覚にも」とは、心の準備が整っていない状態なのに、か。思いも掛けず不意打ちのように、か。読んだ瞬間、不覚にも涙がにじんだ。何に反応したのかもわからないうちに、胸の底にチリリと痛みが走り、その痛みに涙がにじんだ。わたしもそうだよ。クリアファイルにときどきなりたくなる。一枚一〇円のそれは、薄紙を何枚か挟むくらいしか能がなくて、それでも人さまのお役に立っている気がするし、たいして嫌われることもないだろう。そこそこに生きていられて、それで嬉しい。

風が大きな両腕でわたしの自転車を受け止めてくれる。よろよろしながら、風の中に倒れたっていいかな、と思ったりする。

（№67　2009・冬号）

# 雨傘を泥につきさしながら行く何かを君に誓いたき日は

江戸　雪『駒鳥《ロビン》』

早春の雨上がりは、空が晴れ上がるにつれて痛いような眩しさに満ちる。目が苦しい。

冷たい空気の中に光の粒子が飛び交い、それに背を押されて、言わなくても良いことまで言ってしまいそうな気がする。言うべきことはすっかり忘れそうになる。

閉じた雨傘の尖を道端の泥に点々と突き刺し、小さな穴の行列を作っていく。形のないものに形を与え、意味を与える。

あなたに逢う。逢いにいく間に何かが決まっていく。


（№68　２０１０・春号）

# 梅雨めじの蒼き背鰭を剝がす時われに愁ひの近づくらしも

松﨑英司『青の食單《レシピ》』

砲弾のようなクロマグロは、四〇〇キロもの重量をもつ。素晴らしいスピードで海洋を疾走し、どこまでも自由だ。

クロマグロは出世魚。

幼魚のときはヨコワと呼ばれ、二〇キロほどの重さに成長するとメジという。メジになるまでは三年くらい。ああ、三歳なの？

メジは、精悍な躍動としなやかな耀きを得られたはずの人生を、たまたま人間に断ち切られてしまった不運な魚ということか。

青い背鰭を剝がすとき、調理人は手慣れた所作の中に何かを感ずる。包丁を持つ手がほんの少し重くなる。

梅雨の湿りは、空調をいくら調整しても調理場を浸す。愁いにも似て。

（No.69　２０１０・夏号）

# 九条は好きださりながら降りだせばそれぞれの傘ひらく寂しさ

中沢直人『極圏の光』

若き憲法学者が短歌にことよせて「九条が好きだ」と断言するとき、切れ味のよい刃物の匂いがする。こんなふうにシンプルに「好きだ」とは、なかなか言えないものなのに。

そう、言えないよね。若き憲法学者だって「好きだ」と直言した後に、「さりながら」と畳み込んでいるではないか。

「好きだ」の対岸には、たくさんの矛盾や秘密や辻褄あわせがある。自己保身の寂しさがある。対岸を眺めやりながら、それでも「好きだ」がそこに放たれるのなら、鼻先を掠めていった匂いを、あなたもかぎなさい。

（No.70　2010・秋号）

# 散る雪は情《こころ》をさそふ西行が平泉に入りし日も散りし雪

柏崎驍二『百たびの雪』

みちのくの冬は雪の中にある。雪のちらちらと散る中に始まる。

出家して旅の法師となった歌人西行が、初めて平泉入りしたのは旧暦十月十二日。天候は荒れ、いたるところ吹雪いていた。西行はここで休まない。衣河を見たいとさらに歩を進める。

〈とりわきて心も凍みて冴えぞわたる衣河見にきたる今日しも　西行〉

汀は凍てついていた。雪の白が白を重ね、川風の冷たさが彼の身体をびしびしと切る。荒涼たる光景である。

盛岡に暮らす作者は、雪の散りかかる季節になると西行を思うのだ。

「情《こころ》をさそふ」雪。誘われて、傘をかざして彷徨したくなる雪。


（No.71　2010・冬号）

山鳩の鳴くこゑきこゆヴィンセントの死よりテオの死はかなしきものを

小池　光『山鳩集』

家族は私的で、かつ濃厚な集団だ。

生まれた者は自ら好んで生まれたわけではないけれど、この集団の一員となった瞬間から生年順の呼称を得る。

いわく、姉、兄、妹、弟……。

画家ゴッホは晩年までほとんど無名だった。その兄の才能を信じる弟テオは画商となって画廊に兄の作品を置き、兄に仕送りして生活を支えた。自分に息子が生まれると、兄の名ヴィンセントを息子につける。三十七歳で兄が銃で胸を撃ち亡くなると、翌年に弟も逝った。

テオは何のために生きたのか。山鳩がボーボーと鳴く。「亡、亡」と聞こえる。


（№72　２０１１・春号）

# 競り市の鮪の如く積まれたる不発弾あり処理を待たむと

比嘉美智子『宇流麻の海』

那覇に生まれ、学童期に戦争を体験する。その苛酷さを記憶しつつ生を送るとは、なんと重いことなのだろう。

沖縄の歴史は、日本と言う国が背負って来た歴史に、ある部分が重なる。重なるということは、呑みこまれるということでは無論ない。そこに沖縄の宿命がある。

戦後と呼ばれる時間は、今なお続き、折々の不発弾の発見は戦後からの決別を沖縄の人々に許さない。

太々と横たわる不発弾は、競り市の鮪だ。価格がつかない鮪。

時間の脂はたっぷり乗ってはいるだろうが、解体処理に手間取るだろうなあ。戦後はまだ続く。


（№73　2011・夏号）

茗荷の花こんなにうすい花だつた月の光もひるんでしまふ

河野裕子『蟬声』

一年前の夏、ひとりの歌人が逝った。

去年は記録的な猛暑だったなあ。

蟬の声は驟雨のように連日ふりそそぎ、欅の並木を揺すらんばかりに唸り、そのせいかどうか私の住まいはなにがなし薄暗かった。

河野裕子は若いころ、昼顔の淡い花びらの輝きを鮮烈に詠んだ。中年を過ぎてからは、茗荷の花の薄さを寂しさの表象としてうたった。

そして去年の夏は、〈昼前に月の光がすうすうすうす家族四人もひるんでしまふ〉〈すうすうと四人の誰もが寒くなり茗荷の花の透くを回せり〉と、命がすうすう透過するはかなさとして描いた。

茗荷の花は食べたらあかんよ。


（No.74　2011・秋号）

つゆしもに柿もみぢ桜もみぢ朽ちたればわが冬の五指ことごとく痛し

馬場あき子『鶴かへらず』

秋の紅葉がその季節を終える頃、たくさんの葉は視界から急に消えてしまう。

もちろん透明になったわけではなく、人々の関心の外に失せるのだ。残されたのは、朽ち葉と呼ばれる大量の乾いたモノ。ほんの少し前まで赤や黄の彩りの美しさを愛でられたことは忘れられ、カサカサと鳴りながら人の足に踏みつけられる。

踏まれた上に、小さな欠片となって、さらに乾く、朽ち葉（だったもの）。さようなら。

冷えが深まる。指先が痛くなる。さようなら。冬が底を打つ。

（№75　2011・冬号）

鎌倉の辻々に会い白梅は香り紅梅は日に恥じらえり

大下一真『月食』

古刹にちなむ一帯には梅がよく似合う。

古刹を囲う境内にも、早春の梅は似つかわしい。

鎌倉は瑞泉寺の住職が、あちらの辻を曲り、こちらの辻を通りすぎつつ、白梅の香の芳しさを愛で、紅梅の目を引く明るさの中に羞恥をみとめる。

そのさまを想像するとき、なにやら微笑ましい気分に誘われるのは、僧侶と梅との絶妙な取り合わせによるのだろう。世にこれほど相性のよさそうなものはない。

などと思いながら、晶子の『みだれ髪』を読む。すると、あろうことか若さと恋情の横溢するこの歌集には、白梅と紅梅が咲きあふれ、若き僧まで登場していたのだった。

（№76　2012・春号）

# 死んでいる方は軽いと口々に言いてころんと蟬捨てられぬ

前田康子『黄あやめの頃』

夏の最中を鳴きわめく蟬は、さんざん鳴いたあと、あっけなく地に落ちる。あれだけ激しく羽を震わせ、猛り狂ったように鳴くのだから、もっともっとこの世の名残を惜しみ、執念深く樹にしがみついていればいいのに。

蟬の声には重量がある。二本の指に挟むと六本の足を動かして抵抗する蟬に比べて、死んでしまった蟬は妙に軽い。声の重量を失ったからだ。子供たちは拾った蟬の軽さに、うち捨ててもよいのだ、というシグナルを受け止める。声の重量をもつ間だけが、子供の旺盛な命の勢いと釣り合うのだと言わんばかりに。

大人たちは、うち捨てられる日がいつなのかと、そっと思う。

（№77　2012・夏号）

# 理科室の机の端に刻まれて「キエロ」の文字の白々と照る

柳澤美晴『一匙の海』

液体Aと液体Bを混ぜたら色が消えた。実験は成功だと試験管をふりながら思った。あの日「消えろ」は色を消す呪文だった。でも机の端に刻まれた「キエロ」は違う。いつ刻まれたのか。誰が刻んだのか。

机に「キエロ」と刻んだ者がいる。そこに近寄る別の誰かへ、不特定の誰かへ、ヒリヒリした敵意を見せつけるために。

「キエロ」は明確な意思として立ち上がる。文字としてでなく、声なき攻撃の槍として。

――キエテナンカ、ヤルモノカ。

白々と斜光に浮き上がる「キエロ」に向かって、中学生のわたしは何度も呟く。


（No.78　2012・秋号）

## 耐用期間もそろそろ尽きむと油きれし短歌製造機械われの忙しき

清水房雄『残余小吟』

後記に書かれていたのは、これだけだった。

〈第十六歌集五五〇首。此の定型律の魔の擒となり、あたら歳月を——。〉

一九一五年八月七日、千葉県に生を受けた歌人は、己を「短歌製造機械」と呼ぶ。生きるとは、そういうことなのだった。

〈廃墟東京を見めぐりし遠き記憶あり大正一二年昭和二十年〉と詠み、〈軍人勅諭斉唱したる中学生われら其の後の命運のこと〉と過去を振り返るとき、この歌人の身体が百年ちかい時間の内側を通過したことに思いが及ぶ。その身体は短歌を〈製造〉しながら、今に至ったのだ。


短歌という定型律は、歌人という種類のヒトを選んで、さらに生き延びるのだろう。

（№79　2012・冬号）

# 誇り高きカラヤン指揮の交響曲凛々しく並ぶ百円ショップに

丸井重孝『ラフマニノフの太鼓』

ヘルベルト・フォン・カラヤンは帝王と呼ばれた。瞑想するように目を閉じてオーケストラを指揮する姿は、孤高というより支配と恍惚のポーズであるように見えた。

カラヤン指揮のチャイコフスキー、交響曲第六番のレコードは、私が高校に入学して最初に買った一枚。ときめいた。

それから半世紀――。

カラヤンのＣＤが百円ショップに並ぶ。ベートーヴェンや、シューベルトや、ブラームスや、チャイコフスキーの交響曲。

二〇世紀半ばの瞑目の完璧ポーズがどこか場違いで痛ましい。そして凛々しさという絶対性は、喪失感にも似た懐かしさを呼ぶ。

（No.80　２０１３・春号）

# 恋知らぬ特攻兵は放射能越える恐怖を浴び続けたり

岩井謙一『原子《アトム》の死』

東日本大震災の記憶はいつしか生々しさを失い、原発事故も終熄などしていないのに、なんとなく意識の隅に追いやられた（気がする）。想像していた通りだった。わたしたちヒトは、何事も忘れるようにできている。他人の恐怖は自分のそれに代わることなく、自分の恐怖さえ時が経てば移ろう。

「8・15」前日まで、特攻兵たちは眼前の死から逃れる術をもたなかった。「3・11」後に飛散した濃厚な放射性物質による死よりも確実、かつ一瞬にして訪れるであろう死を、彼らは覚悟して引き受けた。

死を代償にして守るものとは何なのだろう。

（No.81　2013・夏号）

# スマホするオランウータン貴《あて》なりとたれか思はむ吊革の下

坂井修一『縄文の森、弥生の花』

ウォークマンを耳にしながら瞑想するチンパンジーのＣＭがあった。画面からはヴェルディのアリアが豊かにあふれ、彼（彼女）の顔は情感を帯びて知性的でさえあった。

ならば、スマホのモニターページを次々とめくり、指タッチでさくさくとメールを打ち返す〈森の人〉がいても可笑しくはない。熱帯雨林の濃緑の樹上に、小さく鳴り続く電子音――。〈森の人〉の長い長い沈黙を想う。口を閉じ、ひしとモニターに向かうオランウータンよ。高貴なまでのその姿を、電車に揺られながら私は夢想する。

（№82　２０１３・秋号）

正月はやがて来べきを　餅搗かぬ家の子餅搗く庭覗きたり

藤井常世『鳥打帽子』

餅つきの音は生き生きとしてせわしい。心地よいリズムがその行為を律する。振り下ろす杵。臼の中でタン！　と鈍い音を立てる、餅になりつつある白いかたまり。

庭でする餅つき。ああ、遠いなあ。父も叔父もうんと若くて、二人の共同作業は子供たちをワクワクさせた。当時の冬は寒かったのだろう。餅米が激しく湯気をたてて臼に移されるのを、ちゃんと覚えているのだから。

正月前の、つきたての温かい餅が懐かしい。それは小さな平和の味わいだった。

（№83　２０１３・冬号）

山茱萸《さんしゅゆ》に雀ジュクジュクあつまりぬ一日《ひとひ》の雨のあがりし日暮れ

小島ゆかり『純白光』

小さなテラスの隅に小皿を置き、米粒を盛る。ときにはミカンやリンゴの輪切りを並べてみる。鳥の声を聞きたいと思い続けて仕掛けた、ささやかな罠……。

狙いは的中した。テラスをちょんちょんと跳ぶ雀、米粒をついばむ雀、チチッと囀る雀をカーテン越しに覗き見る日々だ。

三月の山茱萸は黄色い小花を寄せ合って輝く。雀たちが雨上がりの小花に「ジュクジュク」と籠ったような声を重ねて集まる日暮れ、初々しい春はすでにその先へと熟す準備に入ったらしい。

（No.84　２０１４・春号）

夏至といふ日の夕ぐれに為すべきこと何もなくして塵捨てにゆく

北沢郁子『道』

一年で一番好きな日は夏至。

誕生日は特別の日ではあるけれど、好きというのとは違う。好きなのは夏至。

だから胸一杯に呼吸するようにその日を待つ。何を待つのかわからないけれど、何かの訪れを予期しつつ、落ち着かぬ心持ちで待つ。

雨も曇りもその日には似合わない。カラリと晴れた夏至のからだを両腕で抱き、呆然と佇むように過ごしたい。

いつまでも続きそうな夏至の夕暮れ。白いサンダルをはいて、どこまでも歩いていたい。

（No.85　２０１４・夏号）

歌は無力でよいではないか蜻蛉島《あきつしま》大和の国はすでに世になし

来嶋靖生『硯』

和歌が和歌としての言葉の力を湛えていた万葉集の時代。蜻蛉島という枕詞がこの国の豊かな稲穂の精霊を意味した時代。過ぎ去って二度とは帰ってこない時代——。

そんな時空を、ときに心のうちで遠望する。懐かしいような哀しいような、静かな無力感に浸るひととき。

けれども「無力」は、否定的な言辞だけなのか？　諦念と失意を含意するだけなのか？

無力をむしろ受容する。受け入れるとき、私はきっとやさしくなる。

歌はやさしさの中で佇んでいてもいいのではないか。

（No.86　2014・秋号）

# 霜柱踏みつぶしつつ歩みたる少年ゴジラも還暦過ぎたり

大下一真『草鞋』

一足ごとにザクリザクリと音を立てて崩す。体幹に響くその音が全能感を呼び起こす。

霜柱はこんな形で身体に意味を与える。

少年は感じた。街々を崩壊させ、圧倒的な力をあたりに飛散させ、人間どもを怯えさせるゴジラ、それが自分だと。

ゴジラはどこまでも霜柱を押しつぶし、そしてどこへ行ったのだろう。

還暦は心を少年に還す年。

還暦ゴジラは霜柱をサクサクと踏んで庭を歩く。寒さを堪えて歩く姿は、少し油気が抜けて、ずいぶん穏やかなゴジラになったものだ。

（№87　2014・冬号）

若竹にまたもや先を越されたり私が私を脱ぎたきときを

春日真木子『水の夢』

一夜にしてこの世を貫く勢いは、ゾクリとするほどに美しい。無分別なまでの力の突出はアナーキーな輝きをもつ。

表出し、硬い皮を次々と脱ぎ捨てて伸びる竹。それは昼も夜も匂いを放ち、否、匂うのではなく、臭うのだった。

青い青い臭いが、あのころの私を戸惑わせた。私は戸惑いながら深く魅せられた。

だから負けたのだと思う。竹に勝つ見込みなどないと悟ったのは二十歳のころだった。

以後、その思いが覆されることはない。

（№88　2015・春号）

# すばらしき若葉の季節　公園に見知らぬ人と並びて座る

大島史洋『ふくろう』

若葉は陽差しを受けると、一枚一枚が光を放つ。どの樹木も若葉は乱反射するのだ。

乱反射する光は眩しすぎて目に痛い。痛いけど、気持ちいいね。とは言えなくて、「若葉って素晴らしいですね」と近くの人に語りかけてみたくなる。でもやっぱり語りかけたりはしなくて、けれども誰かとちょっぴり思いを共有したくなる。

〈蟬の声盛りを過ぎしと思うとき沁み入るごとく静かに鳴けり〉

やがてそんな季節が訪れるとも気づかぬ、ほんのひとときの匂うばかりの若葉の眩しさなのだ。

（№89　2015・夏号）

# 妊りし蜻蛉とおもふ生ぬるきエビアンの辺に止まるくれなゐ

渡　英子『龍を眠らす』

蛍も、蟬も、甲虫も、次の世代に命を引き渡す季節を知っている。何にも教えられることなく、その時が来るとしかるべき所に集っていく。

ふと気づくと、ペットボトルの口元に一匹の赤とんぼが――。冷たい水草の繁茂する水辺と間違えたのか？　それとも、やっと見付けた水辺がここだったのか？

ふっくらした腹部にはきっと卵がたくさん入っているのだろう。ペットボトルの飲みさしの水は、小さな光を返し、長い午後にほのかな茜色がまじり始める。

（№90　２０１５・秋号）

# 僕は物語でいたい　自転車を停めたところに切り株がある

土岐知浩『Ｂｏｏｔｌｅｇ』

風でいたい。波でいたい。樹木でいたい。そんな言葉を何度も口走った気がする。この世の責任とか義務とかをみんな忘れて、とても解放された心持ちになれるから。

でも、「物語でいたい」って、言ったことはあっただろうか。この世に起こることも起こらないことも引き受けて、瞑目のうちに移ろうさまざまを語る主体になるって、本当は怖いことなのではないか。

自転車は止まったのではなく、「僕」が停めた。

切株は、樹木の胴から上を失い、しかし地面に食い込んでそこにあり続ける。

物語は切株の上と下に生まれる。「僕」はそれを身体化する。

（№91　２０１５・冬号）

あとさきのあれど誰彼　春疾風《はるはやて》　ゆきつくところはただひとつにて

沖ななも『白湯』

砂埃を立てて吹き抜ける春一番に、髪が乱された記憶。襞の多いスカートが足に絡まった記憶。指に挟んだ電車の切符が不意に飛び去った記憶。

記憶は高校生のころに遡る。

なぜあんなに心落ち着かない春があったのだろう。そして、なぜ誰もが笑いながら不安そうな眼差しを交わしていたのだろう。

改札口でＳｕｉｃａがピッと鳴る。

こんな電子音、あの時代には聞いたことなかった。聞かなくてよかった。

記憶のあとさきは春の疾風に吹き曝され、誰もが背中を押されて、そして行くんだね。みんなが行くところへ。

（№92　２０１６・春号）

蟬声《せんせい》をききわけて山に棲みをれば蟬の生にも長短のあり

尾崎左永子『薔薇断章』

鎌倉の夏は光がまぶしい。海が近いからに違いない。風に光の粒子がまじるのだ。

光の粒子を浴びながら、上り坂をしばらくゆくと、いつしか樹木の青々と繁る山への道を辿ることになる。

いくつもの小高い山は、どこでどう繋がるのか、継ぎ目なく坂道はアップダウンを繰り返し、蟬はてんでに鳴いて命を漲らす。

鎌倉の山にはどれくらいの種類の蟬が生息するのだろう。時の移ろうにつれて蟬の声は変わり、変わりながら生の盛りは引き継がれてゆく。ヒグラシが鳴く。切なくて激しい命の迸りを、日の暮れきる直前の山に響かせる。今日の最後の鳴き声を聞き届けようとする私がいる。

（№93　2016・夏号）

# 橋くぐるときに流れはかがやきをふいに手放す　茜の時間

鳥居『キリンの子』

生きることに器用な人もいれば、不器用な人もいる。それはそうだけれど、生存条件が圧倒的に過酷で、現世の辛さを信じられないほどに背負ってしまった人は、抱え込んだ影の重量に喘ぎながら生きるしかない。

鳥居は神社にある。神域の入り口に立つ鳥居を呼び名とするその女性は、人生の入り口で普通の生活や日常を喪失した。

〈目を伏せて空へのびゆくキリンの子　月の光はかあさんのいろ〉と詠むこの女性は、幼い日に母の自死を眼前にした。彼女の両目は川に反射する茜色の夕陽よりも、橋の下をくぐる間に川が輝きを失うときに反応する。

「ね、消えるでしょ?」。そして深く頷く。

（№94　2016・秋号）

# 冬空の夕焼け色にりんご煮て「かなし」は身に沁みていとしい

梅内美華子『真珠層』

店頭に並ぶ、つやつやしたりんごは、本当に種類が多い。「やっぱり青森産が多いかなあ」と呟いたら、知らない人が隣で「うん」と頷いていた。冬が来たと思う。

しっかり育ったりんごは、カチッと実が締まって、ナイフを入れるや香りが立ち上る。赤さが際立つ甘酸っぱいりんごはジャムにぴったりだ。たとえば色づけ用の皮を煮込んでとろとろした実に最後に入れる。すると夕焼けの色に染まったジャムの出来上がり。きらきらと光っている。ガラス壜に入れて蓋をして逆さまにする。密閉された透明の容器は、ジャムの夕焼け色をいっそう深くする。その愛おしさを何にたとえたらいいのだろう。

（№95　2016・冬号）

# 神々の嘔吐であろうとぷとぷと千鳥ヶ淵を花筏行く

染野太朗『人魚』

皇居の北西側に位置する千鳥ヶ淵は、桜の季節になると風物詩の彩りをまとう。千鳥ヶ淵に沿う緑道の、無数のソメイヨシノ。その圧倒的な桜、桜、桜に人は酔い、そして溺れる。

数日後、桜の花弁はいっせいに散り始め、ほどなく淵の水面は薄いピンクの花筏に覆われるのだ。

桜に酔う、のではなく、桜に導かれて嫌な酔いに落ちこむことはないか。戦没者墓苑や靖国神社にもほど近い千鳥ヶ淵の神々に、この季節だからこそ滲み出す黒い感情はないか。

むらむらと内に突き上げ、嘔吐せずにはいられなくなるとき、撒き散らされる神々の吐瀉物は花筏となる。「ああ、きれい」と人々が歓喜する傍らで……。

（№96　2017・春号）

# 茄子紺のつやつやを食う食感の夏の盛りの夕餉の三人《みたり》

三枝浩樹『時禱集』

幸福とは、ありふれた日常を疑いなく続けられること――。人は口々にそう言う。私もそう思う。ありふれた日常の一齣一齣は、似ていても同じものはない。

そして、波立たぬ心持ちと時間が自らのうちに今日もあると感じるとき、その「今日も」に、ささやかな感謝の念を抱くのだ。

「今日も」家族のそれぞれを確認する。
「今日も」真夏の茄子の、つやめく紺色を食卓に乗せる。
「今日も」夕餉のひとときが訪れる。

今日が明日に繋がる穏やかさ、すべるように時の流れる安らかさ、それが愛おしい。

（№97　2017・夏号）

# 短めの人生でいい一本の身体を秋の服に通せり

遠藤由季『鳥語の文法』

長寿社会、高齢化社会と呼ばれる日本。

ここでは永らく人の長生きを促すために医療や福祉が押し進められ、最低限の幸福な人生を求め続けることを認めてくれた。ありがたい国だ。長く生きるためには、いろんなことが必要になる。心身の健康や生活費の保証や住まいの確保や、もしものときに当てられるいくばくかの金銭や……。

しかし、それらがすべて揃っていたとして、それでも生きることにさほど執着しない人は、たぶんいる。きっといる。

秋の服は身体をするりと被って、どんな動きにも柔らかく添ってくれるものがいい。脱いだあと、空っぽの服から体温が徐々に消えていくのを眺めているのもいい。

（№98　２０１７・秋号）

# 晩秋のパリの市場の夕暮れに大きく厚い豚のみみたぶ

服部　崇『ドードー鳥の骨』

パリに秋は早々と訪れ、そして唐突に深まる。「ああ」と呟くうちにパリの秋は暮れていく。刃物のように乾いた空気は、一人一人が個であることの輪廓を実にきっちりと描き分けるのだ。個を守り主義とする鮮やかさと冷ややかさ、そして自由さと危うさを、パリ以上に突きつけてくる街は他あるだろうか。

夕暮れが迫ると一際賑わう市場。精肉店には、原型を留めるさまざまな食用動物の部位がそのままぶら下がっている。しかも晩秋。豚の大きな、そして分厚い耳たぶは、即物的な迫力で存在を示してやまない。生きていたころの豚は、その大きな耳で何を聞いたか。人は自分の耳をまさぐりながら、重いような軽いような個人という自分を確認するのだ。

（No.99　2017・冬号）

雛の夜は蛤の汁吸ふならひ秘儀のごと吸ふを雛は見てをり

馬場あき子『渾沌の鬱』

昭和半ばに子供時代を過ごした。女の子を持つ家は、たいてい二月の中頃から床の間などに雛人形を飾っていたと思う。寝殿造りの座敷には女雛と男雛がしずかに座り、女雛は美しい扇をかざしていたっけ。段飾りの上段には左大臣と右大臣が構えていたし、ああ、そうそう、三人官女の赤い袴は可愛かった。

雛人形の顔立ちは時代の嗜好に合わせて大きく変わった。あの頃の顔の雛を、私はどこかで求めている。女雛と男雛だけでいいから買おうと思い続けて、もう何年も経つ。

雛の夜はひとりで過ごす。蛤汁は青味を帯びた薄白さで、私はいつもオパールを思う。そこにふっくらした蛤は身を沈めるのだ。心のうちに女雛男雛を思いながら、オパール色の汁を吸う。（№100　2018・春号）

# 琥珀時間

# 花のある部屋

女性で花の嫌いな人はいないという。

確かに花は生活や公共の場に安らぎと暖かさを与える。花束を抱えている女の人を見かけると、なんとなく皆幸せそうにみえるのは、私たちが花の中にいろいろな夢を重ねることができるからだろう。フラワーショップであれこれ眺めるだけでも、フワフワ、ウキウキした気持ちになる。

「あの人は華やかね」という言葉は今はすてきな誉め言葉だが、質素倹約を旨とした一昔前は、案外きつい皮肉や揶揄だった。「華美」という言葉もある。華美を奨励せよ、とは聞かなかったが、華美を慎め、というのはちょくちょく耳にした。戦後生まれの私でも記憶があるのだから、それ以前の方々はもっと頻繁に聞いていたのではないだろうか。地味で控え目で自己主張しないことをよしとするクラシックな女性感は、それ自体決して悪いことではない。でも、生き生きとした魅力にはやはり欠ける。

華やかであることは、表面的な派手さや、これみよがしの贅沢さを喧伝することではないと私は思っている。むしろ、明るくエレガントで周囲にいる人を幸福感に誘う、そんな柔らかくキラキラしたものを発散することではないだろうか。つまり私たちが花を見たり、手に取ったりするときの、あのときめき。フワフワ、ウキウキの無防備な喜び。

ところで、私も人並みに花が好きで、切り花、鉢植などなんでも眺めていたいほう。にもかかわらず、仕事部屋にはあまり花を飾らない。理由のひとつは、もっぱら私の職業的条件による。およそ物を置ける場所には本か雑誌か印刷物が乗っていて、スペースとして苦しい。もちろんそれらを少々動かしてスペースを作ろうと思えばできないこともないのだが、以前、花瓶をひっくりかえして本を濡らしたり、本を倒して花首を折ったりして以来、紙類と花との相性の悪さをほとほと体験した、というわけ。私の仕事場にはかくして花の影はなく、せめてということでキッチンテーブルなどに飾る。

手に入らないからこそ憧れる、というのは世の中よくあることのようで、だからなのだろう、私の短歌作品にはわりに花を詠んだものが多い。美しさを素直に愛でる歌もあるが、むしろ花から触発される美意識や官能性のほうに向かうことが多い。このたびは創刊号にふさわしい作品をということで、私の心の部屋に咲く花々の歌を集めた。せめて心はいつも華やかでありたい、の願いをこめて。

花のある部屋

水仙の匂いは繊《ほそ》きほそき糸うたた寝の夢の片々つなぐ
冷えびえと暮るる窓辺に水仙は白金の箔ひとひらおとす
霞草かすみかすめる青白さ死の香りはそこより発《た》てり
くちなしは虚ろの光ふかく溜め灰いろ夕べおもたく香る
ふかぶかと香りを吸えばくちなしは響《ひび》らうごとく白を濃くせり
朝顔は切れめなき肌いちまいをひんやりひらく法悦の息
富良野にはラヴェンダー畑あるという羅《うすもの》の韻《ひび》きたてて靡かん
夕かげりビスクドールの目覚むるころサフランの赤き雄蕊のびたり
イヤリング金色重く揺れる夜の揺れこもごもに薔薇は咲きゆく
煮つめられ薔薇がジャムとなるまでの薔薇の憂愁われは知りたり
黙秘紺、含羞紫、健気《けなげ》藍、われの愛《かな》しむ桔梗の色は
コスモスのあふれ咲く躁《そう》、秋雨にうつむける鬱、あわれうすべに

（No.1　1992・春号）

# 短歌はファルセット

裏声のことをファルセットという。歌手が地声で出せる最高音域より高い声を出そうとするとき、くるりと声質を変えてファルセットで歌う。美空ひばりはファルセットに味のある歌手だった。

地声は強弱はあっても直線的。裏声は繊細で微妙なところがある。生理学的にどのようなしくみで発声が変わるのか知らないが、日常の中では多分に心理状態に応じて使い分けられている。

たとえば、よくあることだが、女性は電話で話すとき、身内には低い声、他人には高い声と使いわけしがちになる。意識しないで、声質は地声と裏声の区別をとる。

短歌はファルセットに似ている。複雑なニュアンスを含むとき、地声とは更に遠い。

（No.2　1993・春号）

# 黒タイツの冬

ひと冬をほとんど黒いタイツで過ごした。久しぶりのタイツ経験である。もう少し正確にいうと、四半世紀ぶり。つまり二十年以上もタイツとはご無沙汰だった。

なぜ今ごろタイツかと問われたら、こう答えよう。ここ一、二年のタイツ事情は昔とは違っているからだ、と。かつてはストッキングを必要としないお子様や、おしゃれに興味のないご婦人向き防寒用だった。それがイメージも一新して、トレンド商品となった。しかも黒が主流。

もう冬は怖くない。温かいし伝線もしない。ただ、同じ黒タイツでも、映画によく出て来る、あの黒の網々タイツほどに色気がないのが、唯一残念だ。が、ワタクシもともと色気とは無縁、でしたよね。

（No.3　1993・夏号）

## 森瑤子の女たち

森瑤子が胃ガンで亡くなった。五十二歳だった。早すぎる死を悼みながら、私の森瑤子体験が決して小さくなかったことをいま思い返している。彼女の近年の作品は自己模倣気味の疲れに混迷していたが、デビュー当時のそれは緊迫感を孕んで華麗、まさに目が覚めるようだった。

都会の男女の愛憎の機微、洒落た会話と洗練された小道具の数々。登場する女たちは、動揺と衝撃のさなかにも決然として潔く、自らの生を自らの手で選んだ。傷つく痛みより、意志を殺すことを恐れた。

短歌でこんな世界を表せないものか。歌集『シュガー』を準備していたころ、よく思った。森瑤子の描く女たちは私のすぐ身近にいた。――あれから五年がたつ。

（No.4　1993・秋号）

# 十一年目の東京

東京で暮らすようになって十年になる。十回分の夏を過ごし、十回分の冬を体験したはずなのに、いつがどうといった区別もあまりなく、歳月だけがするりと通り過ぎていった気がする。

いや本当は、忘れたがっているのかもしれない。二十代の終わりから続く時間の重さを引きずっていることの切なさと、取り返しのつかない悲喜のさまざまを——。

けれども十年とは私にとって、何かを乗り越えるためのひとつの単位なのだ。そう思えば、次の十年を新たに迎える勇気もでる。〈三十代見納めのときわが視野に紫におう東京がある〉という歌を近ごろ発表した。最初は「見納めの冬」だったのだが、季節を限定しない方がいいと思い直した。十一年目の東京は、なぜだかとても美しい。

（No.5　1993・冬号）

# 黒衣願望

黒衣は「くろご」と読む。以前、川久保玲のデザインした服は黒衣のようだと思ったことがある。彼女自身、化粧っけのない顔と彩りのない表情で、よくファッション雑誌に出ていた。暗いなあ、というのが、かつての私の印象だったが、着てもいいな、と感じ方が変わってきた。

この冬、わたしは黒のヴァリエーションといってもいい服装で過ごした。外観はどう映っていたかわからないが、わたしの気持ちはすうっと一貫した心地よさがあった。この心地よさは何なのだろう。

もしかしたら、自分は黒衣願望があるのではないか。文楽の人形遣いの黒衣は、彼がその場にいないことを意味する。無の思想が底にあるからだ。そこにいて、いない。いないことを前提とした存在に今わたしはなりたいらしい。

それには訳がある。少しずつでも書く仕事が増えると、それだけ書かれたものは一人歩きし始める。すると、自分の実体とは別な人格が、新たな姿かたちをもって独立したような、妙な錯覚が起きる。いつもはそれを意識しないのだが、ある瞬間に強く意識せざるをえないことがあると、ひどく疲れるのだ。立場上、顔を出さないといけない場合でも、ちょっと憂鬱だったりすると逃げ出したくなる。その傾向がこのところ、やや強まってきたようだ。

自意識過剰なのか。そうかもしれない。いずれにしろ、そんな心の負荷が、黒い服を選ばせている気がする。

文楽人形の遣い手が、黒衣を脱いで裃をつけることを、出遣いという。出遣いは見せ場だけでいい。あとは黒衣に身を包んでいるのがいい。

（№6　1994・春号）

# 桜の寿命

桜にも寿命がある。花びらのことではなく、樹としてのそれ。この当たり前を、ふと怖いと思った。

ある日、幼い桜の木が、ささやかな花を咲かせる。毎年それが繰り返され、二十年を過ぎると、ずしりと見事な満開桜を見せる。その後二十年ほどは、植物としての命の盛り。やがて年を追うごとに花の勢いは衰え、いつか花咲かせることを忘れ、ついに立ち枯れる――。染井吉野の寿命は五、六十年なのだそうだ。

花の咲かなくなった桜は、自然、人の目にも触れなくなる。〈世の中にたえて桜のなかりせば春の心はのどけからまし〉なまじ人に愛された記憶がある桜は、忘れられることをどう思うだろう。

樹齢五十年はある、我家の庭の満開桜を仰ぎながら、私は黒い樹皮を撫でてみた。

（№7　1994・夏号）

# 初夏のパリ

セーヌ川を挟んで、パリの街は二分される。北の右岸《リヴ・ドロワト》と、南の左岸《リヴ・ゴーシュ》。両岸には三十二本の橋が架かり、パリ南北を行き来する人と車は、すべてセーヌを渡る。

初夏に数日を過ごしたホテルは、左岸の静かな裏通りに面していた。サン・ジェルマン大通りにほど近くて、少し歩けば、サルトルとボーヴォワールが愛した二つのカフェ、「レ・ドゥー・マゴ」と「カフェ・ド・フルール」に行き着く。カフェは大人が座ると映える場所だ。

右岸に渡るのに、ルーヴル美術館の中庭を通り抜けるバスによく乗った。そのたびに日本のバスに乗るのと同じ、かすかな憂さと喜びが私を浸し、揺れながらふと、パリにもう長く暮らしているような妙な感覚がわくのだった。

（№8　1994・秋号）

# 異国に骨を埋める

異国に骨を埋める、という言葉があった。

島国日本は海に囲まれているから、その昔は海の向こうへ出掛けるというだけで、悲愴な決意をしなければならなかったわけだ。もちろん観光目的でない。国からの派遣、貿易や宗教などの交流、そして戦争。情報は充分でないし気候風土も違う。未知の国への恐れと、時には期待の交錯する中、決死の覚悟で男たちは出掛けたのだった。

女性にもまた異国に骨を埋める人々がいた。さまざまな事情で相手国の男性と結婚して、子を生み、命果てるまで暮らす。

男女どちらも、日本人としてのアイデンティティーを半ば失って、帰れなくなった。

現代の国際化のはるか彼方に、そんな歴史があったことを、ちかごろ考える。


（No.9　1994・冬号）

# 夜型の恥ずかしさ

私の生活時間帯は一般と少しズレている。いわゆる夜型で、朝はめっぽう弱い。低血圧がそれに拍車をかける。自由業ゆえの気楽さとはいえ、ときどきふと、恥ずかしいことをしている気になる。

たとえば魚河岸で働いたり、海外からの情報を扱っている人も、当然、生活時間帯は通常と違うことが多い。夜中や明け方に働き、昼間は寝る。

けれど私の場合は自宅兼オフィス。だから基本的に、生活と仕事の区切れが曖昧だ。その上、言葉という曖昧なものが私の仕事ときている。いつ仕事を始めてもいいし、やらなくてもいい。電話とファックスで、大抵ことは足りる。

言葉を仕事とするなら、せいぜい自分の言葉に責任をもっていたい。そうであれば、恥ずかしさも少しは紛れるような気がする。

（№10　1995・春号）

## オウム真理教事件の衝撃

TVというものを、こんなに見たことはない。それもワイドショーまで。皇太子ご婚礼の前後も、阪神大震災のときも、それなりによく見たが、近ごろと比べると、まだ節度というものがあった。

ところがどうだろう。三月二十日以後のサリン、警察庁長官狙撃、オウム真理教の一連の事件と疑惑に、私の目は完全に釘付けとなっている。いったい今、日本で何が起こっているというのだ。いや、何が起ころうとしているのか。連日の報道に見入ってしまうのは、この「何」の、あまりにもこれまでとは掛け離れた規模と非現実感に、私が圧倒されてしまったからだ。

日本という国と、日本人の精神が、揺さぶりをかけられている。その未知れぬ先触れに、おののいているのは、また私だけではない。

(No.11 1995・夏号)

# ロマの少女

五月の終わりから六月にかけてイタリアを巡ってきた。ミラノに始まるバス旅行。ヴェネチア、バトバ、ラヴェンナ、フィレンツェ、サンジミアーノ、シエナ、アッシジ、ローマ。つまり北から南へのジグザク行路だ。

ナポリまで行けなかったが、十日間の歴史と酒と薔薇の日々は、私をすっかりくつろがせた。

なんたって食事がおいしい。ワインも、もちろん。あまねく光が地上にそそいでいるかのような柔らかな明るさが、どこへいっても覆っている。人々は陽気で屈託なく、変に生真面目でないところが親しめる。メンデルスゾーンの交響曲「イタリア」が、私の耳元でいつも鳴っていた。ドイツ人たちが憧れるのも無理はない。

だがしかし、私は外面のいいイタリアだけを見てきたのではなかった。ミラノでロマにたかられてクレジットカードを取られたのだ。よくある、実に頻繁にある、ロマの盗み。「思い切りひっぱたいてもいいんですよ」と聞いていたが、私を襲ったのは六、七歳の少女だった。

やせ細って、薄汚れていて、暗い瞳をしていた。どうしてこんな少女を殴ったりなどできようか。その顚末については他所でも書いたことがあるので、これ以上触れないが、ものを盗むことでしか生きる術のない少女のことを思い出すと、今でもキリリと胸が痛い。買い物袋いっぱいに買い込んだ自分の姿が、どこか愚かしく思い返される。

明と暗を見たイタリアの旅だった。それが陰影と奥行をつくって、私を次の旅に駆り立てる。さて、どこへ行こうか。

（No.12　1995・秋号）

## 海派の弁

十月半ば、房総半島歌碑めぐりの旅にでかけた。十数人の短歌の仲間との旅だ。宿泊したのは鴨川の海岸べりの旅館。窓から夕刻の深い藍色の海を見ると、その波の穏やかながらどこか強靭なところに、太平洋の雄々しさを感じた。翌朝のオレンジ色の光を含んだ波のゆらぎはドキドキするほど美しく、暮れてから明けるまでの間に、いったい海になにが起こったのかと思うほどだった。

人間には海派と山派があるらしい。私は閉所恐怖症のためか、閉塞感のある山はやや苦手で、海派。眼前に広がる海原を見ると思わず「ウン」と頷いてしまう。

だが、海の怖さを知らないわけではない。恐怖と恍惚が綯い合さった私の心を引き絞る海。その力に、しばしば抗えなくなりそうなのだ。

（№13　1995・冬号）

# ちりめんこぎれ

雑誌「別冊太陽」のシリーズ「骨董をたのしむ　7」は「縮緬《ちりめん》古裂《こぎれ》」がテーマ。昨年十一月に出たばかりだ。手にとってその色合いの美しさ、意匠の大胆さ自在さに惚れ惚れと眺めているうちに、懐かしく切ないものがこみあげてきた。

「しぼ」という独特の織り方から生まれる、あの手触り、陰影。私はそれを長らく忘れていた。生来の不器用と不調法で和服から逃避しているうちに、「和」の文化を遠巻きにしたまま人生の半分を過ごしてしまった。おおげさにいえば、そんなところか。

いや、戦後がそれ以前のもろもろを否定するところから出発した時点で、戦後生まれの私たちは「和」の心をうまく継承するチャンスを失ってきたのだ。戦後五十一年目はこんな思いから始まった。

（No.14　1996・春号）

# 中村雀右衛門の花子

歌舞伎座で「京鹿子娘道成寺」を観た。白拍子花子は中村雀右衛門。ここ一年半の間に玉三郎と勘九郎の花子を観て来たが、なよかやかな色気という意味では、雀右衛門が勝っている。きりりとシャープなのは玉三郎で、好対照だ。どちらが好きかはさておき、七十五歳になって一時間十五分の舞台をつとめる雀右衛門の体力には驚いた。本来、強靭なのかもしれないが、気力があればできるというものではない。経験が豊かであればいいというものでもない。一つの舞台を完成させていくまでの綿密で周到な体力作りが、その裏にあったのだろう。

若いときは夭折に憧れたこともあった。が、今や長期戦で臨む仕事をしたいと思う。フィットネスクラブに通いだしたのも、そのため。熱心に励んでいるとはいいがたいが。

（№15　1996・夏号）

## ボン・マルシェのマネキン人形

一昨年に引き続き、仏国にでかけた。与謝野晶子のパリ滞在にかかわる踏査が目的。さて晶子が暮らしていたモンマルトの住居。これまで関係書籍によく写真で紹介されていた場所を、私は納得できないできたが、今回はそれがはっきり誤りであることを確定できた。ささやかな発見だが、私にとってはうれしい事実だった。

宿泊したホテルに近い百貨店の老舗ボン・マルシェに買い物に行った。ディスプレイや衣料品売り場に佇むマネキン人形たちがみな、黄色い帯に膝丈の白い木綿の着物を着ているのに驚いた。「ゆかた、というより白装束！」。もし日本だったら、「縁起でもない」と忌避されるのでは。マネキンたちは、日本人のそんな思いも知らぬげに、向き向きに笑顔を浮かべていた。

（No.16　1996・秋号）

# 古びない音楽

しまい込んでいたカセットテープを近ごろよく聴く。

一時はＣＤばかりだったのだが、音質がクリアーすぎて少し疲れるのと、なぜだか音がよく飛ぶようになって苛々させられるので、カセットテープに戻ってみたということだ。音質はともかく、これなら絶対に音は飛ばない。

何を聴いているかというと、ジャズのスタンダードナンバー、それにシャンソン。イヴ・モンタンのライヴは、歓声とともに熱気が伝わってくる。

「ああ、この美声の持ち主はもうこの世にはいないのだわ」。エディット・ピアフもそう。手足の長いビロードのような声のコラ・ヴォケールはどうしてるのかしら。十六年前に来日したときのライヴ録音を繰り返し聴く。

つくづく思う。大人の心を捕らえる音楽は古びないと。


（No.17　１９９６・冬号）

# ドルチェ・ヴィータ

イタリアの名優マルチェロ・マストロヤンニが、昨年暮れに亡くなった。その代表作の一つが『甘い生活《ドルチェ・ヴィータ》』。ラテン気質そのままの、イタリア的享楽親和の人生観が、この言葉にすべて込められている。「ドルチェ・ヴィータ」は、彼らの生き方への強い肯定意識そのものなのだ。

この言葉のイメージを香りでデザインしたクリスチャン・ディオールの香水が、九五年に発表された。魅力いっぱいの香りに加え、丸いボトルの洗練された愛らしさったらない。その年のパッケージ・デザイン賞を取ったのも納得される。

そして近ごろ行った上海で感じたのがドルチェ・ヴィータだった。この都市の隅々から醸し出される空気の濃密さは私の芯をゆるませ、不思議な懐かしさを呼んだ。

（No.18　1997・春号）

# オリーヴオイル讃歌

ここ一年ほど、料理といえばオリーヴオイルを使っている。あの独特の香りを嫌う人もいるようだが、私は相性がいいのか、パスタが好きだから必然的になじんだのか、たいてい何にでもオリーヴオイルを使ってきた。

その後、オリーヴオイルが健康にいいことを知った。すると凝り性の性格がむくむくと頭をもたげて、イタリアとギリシアでは味がどれくらい違うのかとか、イタリアでも北と南とでは香りや色はどうなのかと、どうも高じてきそうな気がする。

ちかごろ使いはじめたトスカーナのオリーヴオイルは、その薄緑色の美しさといったらない。初夏の光につやつやと輝いて、深い香りが立ちのぼる。欠点はおいしすぎること。パンに塗るだけでいくらでもおなかに入ってしまう。

（№19　１９９７・夏号）

## 二つの連作

喧嘩が「売る」ものであるのに対し、顰蹙、反感、非難は「買う」もの。相手の感情を害するような行為や言葉を支払って（?）まで、それらを「買う」人は、まあ、いない。あたりまえだ。むしろ買わないように、誰もが「いい人」であろうと努めている。差し障りのない人間関係を維持するためだ。

けれど時々、どこか無理している自分に気の付くこともあるんじゃないかしら。本当はゼーンゼン「いい人」なんかじゃない。摩擦を起こさないための、方便としての「いい人」。ああ、この仮面をいっそ脱ぎ捨てたい。

ならば試しに顰蹙を買ってみよう。「いい人」にとっては、億ションを買うより勇気も覚悟もいるが、買ってみて初めて見えてくるものもあるに違いない。手始めに……。

本誌見開きの、右ページ一連「貞淑な愛人」を作って一か月以上もして、左ページの連作「濃厚な午後」を作った。読み直して自分でちょっと驚いた。二つが、ぜんぜん別な世界となったからだ。うへぇ、の心境である。

ではなぜ一〇首から二〇首に変更したのか。理由は簡単。小誌二〇号を記念して、作品も二〇首にしようとあとで思い立った、それだけだ。

それだけだが、一か月というタームと、その間の気持ちの変化が、こんなに作品を変えるとは想像してなかった。二〇首で一つのにまとめるのは無理と思い、「〜な〜」という似た感じの二つの章で括った。こんなことは私の歌歴では初めてのこと。エッセイも右ページとトーンが違ってしまった。

これが何か意味があるかどうか、わからない。不思議な心持ちで眺めるのみだ。


（No.20　1997・秋号）

# 異国への引っ越し

引っ越しは、できれば一生したくないと思っていた。もちろん過去に引っ越しの経験は何度かあって、そのたびごとに「こんなことは、もうたくさん」と呟いてきたのだ。時間と体力がとんでもなく奪われる。環境に慣れるまでストレス過重で疲弊する。

それなのに、私は愚かにもまた引っ越しをすることになる。そういう選択をしてしまった。来年の春から一年間、異国に暮らそうというのだ。

まず、たまりきったガラクタを捨てねばならない。本や雑誌もある程度、処分しなければ。家具や食器は。おっとワインはどうする……。

ほとんどパニックになりそうな気分だ。異国へ何を持って行くかも決めねば、と、そこで判断中止。目の下にくっきりと隈ができている。

引っ越しは美容に最悪だ。

（No.21　1998・春号）

## 問題は猫

年越しは時間の経過のままに勝手にやってくるが、引っ越しはそうはいかない。何を捨て、何を持っていくかは、こちらの意志決定により、そうはいっても長年の馴染みの品々をそう簡単に峻別するのもいとおしい。

私の場合、一番の問題は猫だ。まさか捨てはしないが、海の向こうにいっしょに連れていくのか、はたまた誰かに預けるか。うう、迷う。

人間でいえば十二歳だが、猫年齢では還暦くらいか。還暦クラスの猫を環境の違いすぎる海外へ、というのはどうにも無理がある。第一、パリでは借りる住居の傷や汚れに、相当額の支払いが請求される。日本の親や妹たちにもそれぞれ事情があるから無下に頼めない。ああ、迷う。

シャモンよ、おまえのことだよ。寝てばかりいるが。

（No.22　1998・夏号）

# サッカーW杯の夏

また引っ越し、である。幸い今度はパリ市内、荷物も限りがある。その上、徒歩で十分ほどの所へ移るのだから、気分的に負担は少ない。地下鉄でちょうど一区画分、ブーローニュの森に近づいた。最寄り駅はラヌラグだ。

フランスは今、サッカーW杯の試合の真っ最中。今のところ二試合勝っているためか仏人の鼻息は荒い。ふだんは閑静な住宅街なのに、週末の今日は、夜十一時半ごろから若者がモザール通りからラヌラグ通りへかけてたくさん集まり、気勢を上げている。あまりの凄まじさに驚いたのは私だけでなく、向かいの建物からもあちこち顔がのぞく。ラテン系の迫力はスゴイ。

日本ではカラ売りチケットで、泣いた人がたくさんいたとか。サッカー音痴の私も、TVの前で日本を応援した。

（№23　1998・秋号）

# 点描、欧州の空港と駅

パリを根城にして欧州を歩く。与謝野晶子夫妻と同じだが、実際、パリはそれに適った場所にある。仏国の誇る新幹線ＴＧＶ《テージェーヴェー》で、パリ北駅からはベルギー、オランダ、イギリス、ドイツに入れる。飛行機を使えば、シャルル・ド・ゴール空港から一時間＋αで、欧州の大都市すべての空港に到着できる。至便性のある街なのだ。これまで五ヵ国へ走り、飛んだ。そこで通過した駅や空港について、短い印象を記してみよう。ただオーストリアのウィーンだけは、なぜか記憶に薄いので割愛する。

✈シャルル・ド・ゴール空港

ターミナルは1と2。2はさらにA〜Dの四つに分かれる。国内外に飛ぶエール・フランスの飛行機の数は圧倒的。私はこれまで何度ここに到着し、ここから出発したか。

✈ウォーター・ルー空港

ＴＧＶで直通二時間。英仏海峡を船で渡る時代はすでに終焉した。トンネルを出るとそこは雪国ならぬロンドンの中心部。欧州大陸がほぼ国境フリーパスなのに比べ、イギリスは島国の特権を行使して、水際で危険を食い止める。空港に似た通路を経て、長い列のあとにつきパスポート提示。銀色の扉の向こうの出口に、やっとたどり着く。この無機質的な駅は、プラットホームで出迎えも見送りもできない。

✈ブリュッセル空港

パリ、ロンドンを繋ぐ二本の国際超特急（ＴＧＶ）の出入り口。加えて国内鉄道路線が集中する。ベルギー・フランに換金し、デザインと色彩の美しさに驚く。紙幣にはこの国出身の画家ミュシャの植物が描かれていた。

✈アムステルダム空港

パリ北駅からブリュッセルを経て直通で四時間と少し。構内の大きさより、その百年を越える時間に洗われた堂々とした古さに感心する。パリの北駅、東駅、オーステルリッツ駅、サン・ラザール駅も古いが、アムステルダム駅のような重々しさはない。数知れぬ人の足に踏まれ続けた石段の凹み、汽車の煤煙を果てしなく浴びてきた天井や柱の黒っぽい光沢、アール・ヌーヴォー調の装飾も美しい広々したカフェ。このカフェをヒントにして、東京ステーションホテルの二階にある名物喫茶店がデザインされたと聞いた。

表玄関の均衡のとれた構えもいい。かっては駅の前を運河が縦横に流れ、船着き場もあった。駅正面の大通りを行くとヴィクトリア・ホテル。ここに与謝野晶子夫妻は一泊した。

✈ボン空港

と書いたが、正式にはボン・ケルン空港。ケルンは大聖堂があることで知られ、ボンはベルリンの壁が崩れて統一されるまで晴れがましいドイツの首都だった。その二都市の空港を兼ねる。素っ気ないほどの規模の小ささに、なんだか気が抜けた。ボンに残された誇りは、大学とベートーヴェンの生地であること。

✈ベルリン・テーゲル空港

ベルリンには三つの空港がある。東西に分断されていた名残ともいえる。テーゲル空港は旧西側の空港で、二十一世紀までに整備されるはずの、完成途上空港の印象だ。まだ垢抜けず不便さもあり、首都ベルリンの現実を物語っている。ただ空港から目抜き通りクーダムやツォー駅まで近いのは何よりもうれしい。

（No.24　1999・春号）

## 気分はドゥミ

仏語で半分を意味するドゥミ。私にとって一年間のフランス滞在は何だったのか。確かに得難い体験ではあったが、どこか不完全・不燃焼な後味が残る。ドゥミは、そんな私の気分にかなった「今の言葉」ともいえる。

パリに仕事で来ていたプロの女流囲碁棋士が「石の上にも三年って、初心者にはいつも教えるのよ。あと二年パリにいられないの?」と、私に尋ねた。「そうはいかないのよ」と応えながら、もし万一私にあと二年の猶予が与えられたとして、なにがわかり、なにをなすことができるのかという素朴な疑問が湧いてもいた。いずれたいしたことなかったのでは、と。

一方で、帰国後の私をめぐる状況から、一年間が精一杯だったのではと思ったりする。理性が発する答えだ。

「日本に帰ってきてよかったでしょう?」とよく聞かれる。確かに言葉の不自由はないし、少なからぬ優しい笑顔に迎えられたし、衣食住にかかわる便利さはありがたい。パリだと泥棒から部屋を守るための厳重なセキュリティが必要だったが、ここでは小さな鍵を一度くるりと回すだけで誰も部屋に侵入しないということになっている。キッチンの流しやトイレが詰まることもないし、湯が出るはずの蛇口から突然水がほとばしることもない。

ただ言おう。日本で何かが足りないとしたら、議論と、他人とぶつかって「すみません」と謝る言葉と、おいしいパンだ。ドゥミで買える香ばしいバゲットがあれば、毎日のように「表面パリッ、中身サックリ」が楽しめるのに。今日も気分はドゥミである。

（No.25　1999・夏号）

# 眩しい孤独

気が付くと、現在とパリの日々を比べる私がいる。眩しい孤独を思い出す私がいる。私は毎日のように住宅街の窓から石畳を見下ろし、午後一時にＴＶニュースを流した。仏語レッスンのテープを聞き、辞書を引いて一つずつ単語や動詞の活用を覚えた。連載ものを書くためにできるだけ丹念に下調べし、写真を撮影に出た。ひとりですべてを行い、どうしてもできないことだけ人に頼んだ。

孤独が楽しかった。私が今よりうんと若く、無目的に一人でやって来ていたら、この魅力ある都市のアヘンを吸って、一年などすぐに過ぎてしまったことだろう。

異国に暮らす四十代の孤独は、内側に眩しさがあった。心の芯のようなものを太らせる孤独だった。帰国してそれがよくわかる。

（№26　１９９９・秋号）

# 常陸の国の原子力臨界事故

　ここしばらく知人友人と会って必ず話題になるのは、東海村の原子力臨界事故だ。誰も一様に怒りと不審の念をあらわにし、ここまで日本人がダメになったのはいつからのことか、に話が及ぶ。「バブル期以降」という声がかなり多く、「七五年のベトナム戦争以後だ」「いや、大阪万博のあった七〇年以降」とも。溜息とともに日本人や日本を憂えることんな情況はいつまで続く？　答えは聞こえない。

　平安中期に『更科日記』を書いた菅原孝標女は、少女時代を上総・常陸に送った。父親が受領だったからだが「あづま路の道の果てよりも、なほ奥つ方に生ひ出でたる」と人生を綴り、『源氏物語』への憧れを記す筆は今も瑞々しい。

　それにしても、原子力発電所などない常陸の国とは、どんなところだったのだろう。

（No.27　1999・冬号）

# Ｙ２Ｋ問題始末

二〇〇〇年を迎えるにあたって、コンピューター誤作動を危惧するＹ２Ｋ問題が話題となった。わがマンションのエレヴェーター入口にも、そうした事態に対しては万全に努める、とか何とか貼り紙がしてあり、「大変だなあ」と感じ入ってしまった。

私はその夜、銀座中央の三越デパートの壁に映る数字を、山なす若者たちとカウントダウンし、空に舞う白い風船に拍手し、おまけに〈わいんばー・ギンザ〉で友人とシャンパンなど飲んで、午前一時半の京浜東北線に乗り帰宅の途。神社にふらりと立ち寄って更に御神酒と甘酒をいただき、さて、エレヴェーターに乗ろうとした瞬間、気づいた。「ちゃあんと動いてるじゃない」。Ｙ２Ｋ問題対応の買い置きなどない我が家は、当たり前に新年を迎えたのである。

（No.28　２０００・春号）

## 神宮外苑の枝垂れ桜

去年の桜を、私はよく覚えていない。帰国したばかりのぼんやりした頭は、日本の地上にどうやって足をつけていいのか、自分の足元を見詰めるのに精一杯だった。

今年は大切なもの思い出したような思いで桜を求める自分があった。さいわい住まいのすぐ近くの神社には何本かのソメイヨシノがある。東急目蒲線、東横線の沿線にも美しく咲きそろった。

もっと見たいが、雑踏は苦手。う〜ん、どうする。

とうとう穴場を見つけた。神宮外苑だ。上野公園や千鳥が渕と違って宴会や人だかりがない。いたって静か。そして数十種類はあるかと思われる桜のゆったりした並木。

心が甘く震えた。満開のソメイヨシノにではない、枝垂れ桜に。その優美さ、愛らしさ、華やかさに、だった。

（№29　2000・夏号）

# 真夏の失意

夏が近づくにつれて、軽い緊張感を帯び始める自分に気づくようになったのは、いつのころだろう。三十代の後半、いや終わりころ、だったか。誕生日がそれに関わっているのは、わかっていた。私は誕生日が巡ってくるたびに、少し情けない気がしてくるのだ。来年の誕生日までに、これこれをし終えていたい、という願望と、必ずそれが裏切られる失望を、繰り返し味わってきたからだった。

仕方ない、来年までにはなんとかしよう、と自分を甘えさせてきた来歴が、今年あたりは本当に情けなくなってきた。自分の無能さを嘆く、という言葉の実感がせつせつと迫る。こんな自分を引きずり、背負い、真夏の燦然と輝く太陽を憎らしく見上げながら、私は今年の誕生日もきっと迎えることになるのだろう。

（№30　2000・秋号）

# 自分の面倒

この夏の猛暑で、恥ずかしながら入院した。腎盂腎炎だった。ここ二年ほど、乾燥して涼しいパリで夏を送ったために体が暑さに対応できなかったのではないか、と自己分析。そして点滴を打ちながら思ったのは、生身の肉体を抱えている私を、この先も私が面倒を見なければならないのだな、ということだった。

でも、本当に自分の面倒を自分で見きれるのだろうか。本誌にエッセイ「昭和半ばのおさげ髪」を連載中の藤原瑠美さんは、この十月三日にお母様を九十二歳で亡くされた。十一年に渡る自宅介護の果てである。瑠美さんの結婚式を数日前に済ませてのご逝去は、母親の強さを実感させるものではあったが、自ら娘の晴れの用意をしてやれない無念をきっと味わわれたに違いないと、私はそれが切なかった。

（№31　2000・冬号）

# 短歌二十五年

「短歌を作るようになったきっかけは？　何歳頃から始めたんですか？」という質問を、これまで何度受けてきたことだろう。

数えてみて自分で驚くのだが、二十五年になる。ああ、四半世紀！　大学三年生の春休みから短歌を作り始めて以来、二十五年もの間、繰り返し繰り返し、この質問が私につきまとって来たのである。

よくある例としての新聞歌壇欄への投稿というのを、私は一度もしていない。投稿システムがあるのは二十歳ごろから知っていたけれど、掲載作品から触発されることはなかったと思う。

それより、私が所属していた国文科の学生の話題に時々上る塚本邦雄作品の凄さの方が、直接には現代短歌の開眼へ繋がった。男子学生が所持していた塚本の歌集をパラパラめくった記憶がある。一冊全体を読んだわけでないのに、目を射るように言葉が立ち上がり、イメージが散乱して、私はくらくらした。

二十一歳だった春休み、三月、私は初めて短歌の総合誌を書店で見た。角川「短歌」四月号。けれど巻頭作品には正直なところ、まったく失望した。いわゆる日常詠で、ちんまりした個人の些事が遠慮深げに並んでいると思った。こういう短歌だけは作るまい。恐れを知らぬ生意気な女子学生は、心に浮かぶままどんどん作ってみた。次に勉強の場を求めて、たくさんの結社の中から白秋系の「コスモス」へ入る。初夏だった。ここからよろよろスタートした。

翌年、角川短歌賞を受賞することになるとは、もちろんこのとき想像もしていなかったのである。

（No.32　2001・春号）

# 桜と数字

桜を、これまで私は何首くらい詠んできただろう。

短歌を作り始めた二十一歳の春以来、桜は毎年のように素材にしてきたが、桜の歌がどれくらい残されてきたか、数えたことがない。

数えることが苦手だ。

数学に弱いのは確かだが、それだけではない。数の絶対性に触れることが怖いのだと思う。数はすっきりとしすぎている。数値を示されると、とりあえず納得させられる気分になって、それが理解しやすく気持ちのいいこともあるけれど、眼前に「これこの通り」と動かし難い証拠を突きつけられたようで、たじろぐことが多い。数のまやかしがあっても、それを見抜く前に〈数の真実性〉の方に頭を下げてしまいそうになる。

哀しい習性だ。

私はもしかして、数えるべきこと数えられるはずのものを、敢えて、または面倒くさがって曖昧にしてきた、そんな人生だったのではないか？

なんでもきっちり辻褄合わせるばかりがいいわけではない。そう言い訳して、数が語るある絶対性を恐れ、そのあまり「まあいいさ」と甘い判断を自分に与えて来たのではないか。そんな気がする。

さきごろ「短歌」三月号に二十六首を発表した。その中にこんな一首がある。

・四十代半ばは獣道に似る夜歩くべし手斧をもちて

子供のころからあまり体が丈夫なほうではなかった。百年前だったら、そろそろ寿命だろう。いまある自分を澄んだ鏡で映しだし、出来ることの輪郭を見定め、現実の手触りを過たずに持ちたい。

今年は富山の桜を堪能した。静かで落ち着いた桜だった。

（No.33　2001・夏号）

## 「猛暑」考

ある日、知人と近年の猛暑について憂えながら、

「私たちが子供のころって、いくら暑くても、三十二度とか三十三度くらいだったんじゃあないかしら？」

と、遠い昔を思い出しながら聞いてみた。同郷、同世代ではないものの、東京と愛知県、昭和二十年代生まれの始めと終わり、といった程度の違いだから、それほどの温度差はないだろう。

「そうそう、三十四度にでもなろうものなら、もう熱が出ると言って騒いだくらい。」

知人はしっかり相づちを打ってくれた。クーラーがなくても辛うじて耐えられたのは、そのためだった、という。

なのに、気がついたらこんな酷い夏になっていた。地球温暖化は、昭和生まれの日本人たちの夏の記憶を、再生できない仕組みにしてしまったのだ。

私は夏が好きだった。七月生まれというのも、その理由の一つだったかもしれない。夏

は、初夏も、盛夏も、晩夏も、それぞれ豊かな表情があり、沁みるように自分が生きていると感じていた。眩しくて、軽やかで、汗の匂いもいやじゃなくて、切なくて、痛ましくて、いつもなにかにときめきながら夏を待っていた気がする。

夏が辛くてたまらなくなったのは、ここ二、三年だ。「中年になって体力が落ちたからだよ」と、口の悪い知人にいわれたこともあるけど、本当にそれだけか？

無遠慮で無謀な暑さが、のしかかってくる。そんな猛暑から逃げるために、さて今年はどこへ行こうか。去年は逃げそびれて痛い目にあった。それだけに切実である。

（№34　2001・秋号）

## ユーロの欧州

三年前の秋はパリにいた。パリを拠点としてロンドン、ブリュッセル、アントワープ、ウィーン、ボン、ベルリンを回り、その年は終わった。

あのころの欧州は元気が良かった。経済で世界を圧倒するアメリカに対抗するためのユーロ通貨構想が、着実に現実化しつつあった。汎ヨーロッパ思想は二十世紀初頭からあるが、ユーロは理念でなく、二十一世紀の欧州の生命線となるはずだったのだ。

私はその欧州に身を置き、どん底景気の日本で橋本首相から小渕首相に首のすげ替えが行われたのを、遠いことのように感じていた。健康に良いという理由で赤ワインが軒並み酒屋から払拭したという情報を、なにかもの悲しい気持ちで聞いてもいた。

元気な欧州にあって、円は弱かった。一フラン＝二十四円は情けなかったが、それが現実で、手持ちのドルをフランに換金したこともある。

今年九月十一日を境にして、アメリカはかつてない大きな傷を負い、十月八日にはアフガンを舞台に戦争が始まった。これに連動して、世界が不安症候群ともいえる軽い鬱状態に陥ったまま、いまだ晴れることがない。

欧州はこれから、どのような冬を迎えるのか。そして来春のユーロ通貨の成否は？

この十一月二十四日にフランスのブルゴーニュで〈ワインの騎士〉という一種の名誉賞をいただけることになり、その準備をする中にあって、私の心を領しているのはパリ。沁みいるような初冬のパリの空気に浸りながら、東京とは違う「テロ以後」を肌に感じ取ってみたい。ひりひりするばかりの緊張を浴びたい。


（№35　2001・冬号）

# 父に問う

人が死ぬ自明をずしりと思い知らされるのは、身内や大切な人間を失ったときなのだろうか。私は今年一月に父を見送り、ようやくこの自明を嚙みしめている。

四十代後半まで生きて来れば、もとより人の死に何度か出会い、衝撃を受けたこともそれなりにあった。残された者の言葉に打たれ、もらい泣きしたことも珍しくない。

けれども、骨に沁みるような重さで人の死を見つめたのは、父の死が初めてだった。

私が思春期のころから父は仕事で単身赴任をしていたし、リタイアしてからも父は元来が弁舌爽やかという方ではなかったから、大人となった私が父と深く話を詰めてするなどの体験はないに等しかった。

だから、父に関わる細かいたくさんの記憶は残っているものの、父と共有した込み入って複雑な想い出などは、残念ながら、ない。

にも関わらず、その死が重いのはなぜか。私がこの世に生まれる契機を作った存在が消えてしまったからなのか。

父が逝ってから思うのは、七十二年の父の人生にあって、長女の私が父にとってどんな意味をもつものだったのか、ということだ。自分の趣味の世界に遊ぶことが好きな寡黙な父は、たまに実家に戻る娘などへの関心はあまりないのではないかと思うほど、自室にこもってばかりいた。

私はといえば、父がそこにいることですべてを良しとする親不孝な娘だった。父は晩年、肺気腫が重くなり話し辛そうだったから、私が重い話題を避けていたこともある。

しかし一度だけでも聴けばよかったか、あなたにとって娘の私は何なのですか、と?

（No.36　2002・春号）

## 窓の外には

四階にある自宅の部屋の窓から外を眺めることなど、ほとんどない。視野の限り広がるのは、グレーを基調の遠近三棟のマンション。建築中のネットを被ったものも入れれば四棟。マンションに並ぶ数十もの四角い窓にはサッシが填められ、ときにベランダに洗濯物が干され、そこに人が住んでいるという実感を抱くのは、夜になって点る明かりを見てやっと、といったところだ。

大田区蒲田というと、家内制の小さな町工場が並ぶ下町を想像しがちだが、このあたりはむしろ新興住宅地といった印象。古い住宅地が地上げされてマンション群に変貌したように見える。

一昨年だったたか、大地主が亡くなって相続問題を解消するために不動産業者に土地が売られたとかで、一年のうちに四棟の新しいマンションの建設が始まった。近隣でいっせいに始まった工事の騒音に去年はずいぶん悩まされたものだ。この春に出来上がった最初のマンションはわがマンションに隣接してはいるが、幸い私の部屋の窓からは見えない。それでも人の気配が稠密になって、ベランダから外を眺める気にもなれない。

さて、近くを走る東急池上線を一駅ぶんも歩けば、日蓮宗大本山の池上本門寺に辿りつく。社寺の歴史も古いが、社領もまた広大で、緑はたっぷり。夕方ともなれば、犬を散歩させる人と何人も、そして何匹もすれ違う。

私は何を書こうとしているのだろう。いや、もしかして単に疲れているだけなのかもしれない。パリより戻って四年目の春である。

（No.37　2002・夏号）

# 干支への思いはいつまで続く

今年の干支は馬。私の干支でもある。昨年末に馬をデザインした指輪を買い、以来、外出のおりにはこれを填めている。お守りというほどでもない。年女の一年を大事にしたい気持ちを少しばかり代弁させたつもり。

干支は十二年周期で一巡する。日頃は十進法に慣れている私たちだが、この十二進法との誤差二年によって年齢感覚を二つもつことにもなり、これはなかなか面白い。

たとえば四十歳には、次の五十歳になるまでの十年間を、中年から熟年の重さを持つ時期としてはっきりイメージできる。十年ごとの刻みはひとつの世代のステップを私たちに明確に意識させ、人生の見取り図を単位の積み上げとして認識させやすい気がする。

これと比べると干支による年齢の刻みは少し違うようにも思う。年男・年女にあたる、たとえば三十六歳は、十二年周期の干支の三回り目をやっと終えたということで、一つのユニットの三回分が終了した感じ。次の四回目のユニットが完結するまでなんだか遠いなあ、という気になる。

四十歳の次が五十歳で、その次が六十歳の「十進法」。

三十六歳の次が四十八歳で、次が六十歳の「十二進法」。

微妙だけれど、やっぱり違う。一息が長い単位というのは時の刻みが濃いのだ。

でも、よくよく考えると、干支への意識なんて今世紀の前半のうちに日本から消えてしまうんじゃないかしら？　年賀状に登場するだけの干支のデザインだもの。それとも郵政法案が通過して郵便事業に民間が参入すると、干支はもっと商品化される？　今年も残すところ数カ月である。


（No.38　2002・秋号）

# パリで買ったスリッパ

今年の秋も去年同様、パリとブルゴーニュの旅をした。パリでのホテルは、オペラ座、マドレーヌ寺院、サン・ラザール駅が囲む三角形の、それぞれから300～500メートル圏内の、地の利のいい場所にあった。細い道一本隔てた鬱蒼と木立が茂る一区画に、贖罪教会という名の薄暗い建物がある。ルイ十六世がギロチンにかけられた後しばらく祀られた場所という。冷え冷えして妙な雰囲気が立ちこめるエリアだなと思った通りだ。パリという都市の歴史の奥行きをズシリと感じる。

日本と違って、欧州のホテルにスリッパと歯ブラシは用意されていない。この周知当然なことを私は忘れてしまっていた。スリッパがない！

唖然としてても仕方ないので、パリ在住の知人にどこで買えるか聞いてみた。「どこかな。フランス人はスリッパなんて履かないからなあ」

ホテル近くのスーパーには、果たしてなかった。二、三の洒落た靴屋にもない。やがて、ちんまりした靴屋のウィンドウに、タオル地のピンク色をした刺繍入りスリッパが飾られているを発見。どうしてそんなところに飾られているのか不思議だが、「万歳」を叫びそうになった。

たかだかスリッパなのに、靴屋の女性は私の足のサイズを聞き、それに合うのを店の奥から持って来て丁寧に履かせてくれるではないか。日本でならせいぜい500円ほど、いや300円くらいの品か。

「お値段は?」「24・8ユーロです」目を剝く。換算すると3200円ちょっと。なんて贅沢な……。

私は一生もののスリッパをこうして買ったのである。

(No.39 2002・冬号)

# 同い年の顔ぶれは

友をめぐる二つの悲喜が、今年一月にあった。

一つは癌による逝去。彼女は春まではなんとか期待していたらしい。けれども年が明けてすぐ逝ってしまった。享年四十三歳。私は通夜から帰ると筋肉が痛み熱が出た。哀しすぎて体に響いたのだと思った。

もう一つは三十六年ぶりの小学校の同年会。高校から郷里との関わりが薄くなった私は、ある意味で故郷への愛着を失い、同級生たちの消息にも関心を持たなくなった。東京に住まうようになってからそれはさらに加速した。

ところが、インターネットの時代になったことで状況が変わった。幹事が現代歌人協会に問い合わせ、私のパソコンにある日突然、同年会へのお誘いの電子メールが届いた。

次いでパソコンを使える面々のメーリングリスト（参加者全員の掲示板的なメール）が活躍し、記憶の向こうにある名前が飛び交う。デジカメ撮影の近影や、スキャナーで読み取った小学校時代の写真がメール添付で送られてくるに及んで、三十数年前の少年少女の顔が呼び起こされた。

亡父の一周忌が、折しも同年会の当日。私は夕方から小学校時代の心に立ち戻り、すでに中年と化した同い年の友人たちと顔を合わせた。時の経過とはこういうことかと、じんわり納得した。

ここまで来てしまった。

今後どこまでどのように行くか、もちろんわからない。

時代の同行者たちと一刻一刻の生を相互に照らし合いながら、これからも共有の時間を織り上げて行くのだろう。

光にかすか重さが加わり、季節が春へと動いていく。


（№40　2003・春号）

# フィットネスクラブで走る日

根っから運動神経の鈍い私だが、スポーツを観戦するのは嫌いではない。テニス、フィギュアスケート、体操および新体操が最も好きで、実際に競技場へ出かけることはないけれど、テレビ中継はほとんど欠かさない。

所属するフィットネスクラブに、この春から通い始めている。五年ぶりだろうか。毎月会費を納めながら長らく全く利用していなかったのが、今さらながら口惜しい。

自由が丘にあるこのクラブは、パリ滞在以前の世田谷区の住まいからは近かったのだが、現在の住まいからやや遠いという事情もあって、なんとなく遠ざかっていた。つまりめんどくさかったのだ。けれども、このところパソコンの弊害で肩凝りや眼精疲労がひどくなり、「薬より体を動かすのがいいのでは？」との思いが高まるにつれ、「フィットネスに行こう」、という気分になったのだった。

驚いた。自分のペースでのんびり行う身体トレーニングがこんなに楽しいとは……。ずっと以前は、なんというか、義務感に近い感覚で通っていたから、すぐ疲れて休止してばかりいた。

でも、今度は違う。ランニングマシーンで一時間も走った後の爽快感！　だいたい長時間走るという行為を、私は長らく忘れていた。というより、私には無縁のことと信じて疑っていなかった。

汗を流したあとの体は、重くなるのではなく軽くなる。そんなことを初めて知った。もちろん肩凝りは消えた。

今憧れているのはバレエ。ウヘー。身体を回路に、書く上で何かが変わりうるか？

少しドキドキしている。

（№41　2003・夏号）

## 多摩川のほとり

与謝野晶子の歌集『恋衣』にこんな歌があるのを発見した。

・五月晴の海のやうなる多摩川や酒屋の旗や黍のかぜ

「五月晴」には「つゆばれ」と、「黍」には「もろこし」とルビがついている。晶子は多摩川に行ったことがあったのだろうか。雨上がりの海のように水量が豊かな多摩川。その岸辺で酒屋の旗が揺れ、とうもろこしの葉がきらめく。のどかな風景だ。この歌の初出は明治三十七年八月刊の「明星」だが、同号には晶子の名作が多い。

・海恋し潮の遠鳴りかぞへては少女となりし父母の家

・鎌倉や御仏なれど釈迦牟尼は美男におはす夏木立かな

など、このころの晶子の伸び伸びして明るい心のありようが見える気がする。

多摩川といえば、岡本かの子を忘れることができない。

かの子の郷里は現在の川崎市高津区。川崎市市民ミュージアムに彼女のコーナーがある通り、多摩川べり一帯の大地主である大貫家の長女として生まれたかの子は、生涯にわたってこの川に特別な思いを抱き続けたのだった。
・多摩川の清く冷くやはらかき水の心を誰に語らむ
歌集『かろきねたみ』に収められたこの一首には、多摩川の四季折々の表情が映し出されている。「水の心」という表現がなんとも美しい。

岡本一平が、かの子との結婚の承諾を得るために大貫家を訪れたのは、一九一〇年（明治四三年）八月のこと。折しも多摩川は洪水だったが、一平はこれを渡ってやって来た。

さてこのほど、私は多摩川べりに転居した。七月下旬のこの川を眺めながら、二つ三つと深呼吸してみるのだ。

（No.42　2003・秋号）

## 置き土産

引っ越し後半月ほどの八月半ば。「近くへ来たから」と、O氏が来訪された。七十代半ばと覚しいO氏はすこぶるお元気そうで、オーダーメイドの背広のすっきりした着こなしがとても様になっている。

「引越祝いに」と持参されたのは、ラフカディオ・ハーンの自筆ノートの私家復刻版。ハーンの筆遣いまで生き生きと伝わってきて、息苦しくなりそうだ。タブロイド版の大きさのその持ち重りのする本は、粋な紬で表装され、とても美しい。

私は溜息をつきながら、「素晴らしいものですね。大切に仕舞っておきます」と応えた。すると氏は、「だめだめ、読んでくれなくちゃ。仕舞うために差し上げるんじゃないよ」と笑われたのだった。

やがて雲の流れが速くなり、雨が降りそうな空模様。少し心配になる。O氏は、「僕は超の付く晴れ男だから、どこへ行ったたって雨が止むんだ。平気、平気……。」

けれども、ぽつぽつ降り出した雨は、すぐに大雨の様相を呈してきて、さすがの晴れ男も思案顔となった。

自家用車のない私としては、氏にタクシーを拾っていただくほかない。私の傘を手渡して、お見送りした。

十一月になって、訃報が飛び込んだ。O氏が十月に急逝されたという。詳細は今のところ伝わって来ていないが、氏がこの世にもういない、という事実をどう実感していいのか、私の中ではまだ整理できていない。ハーンの本は、私への置き土産になったということか。人と人はこんなふうにして別れることもある。それが切ない。


（No.43　2003・冬号）

# エセ文学少女はテレビ好き

去年の二月一日はＮＨＫ開局から五十年目だったとか。

「え、五十年？」

ちょっぴり身に迫った、息を呑むような「え？」だった。そうか、一九五三年の開局だったのか…。

テレビが出来て半世紀が経ったということ。それがどうした、と問われても、たいした返答ができるわけではない。ただ、私がこの世に生まれたときと僅差とは言えないまでも、幼少のみぎりに出来たテレビに、私自身がどれほど親しんできたか、まざまざと実感されたのだ。

いわばテレビと伴走して半世紀近くが過ぎた。

私は自称、本好きの文学少女だった。が、テレビはお稽古ごとなどない日には毎日、夕方から欠かさなかった。つまりエセ文学少女だった。

最近、同世代の友人が小学生時代の番組主題歌について口火を切ったところ、不思議なことに、私の記憶の底から何曲も止めどなく溢れてきた。久しく衰えに衰えたと失望していた記憶力だが、こんなに良かったのか、私は！

アニメの鉄腕アトムは当たり前、人間というか女の子がアトムを演じていた番組の主題曲も口を衝いて、出てくるわ、出てくるわ。「ボクは無敵の鉄腕アトム～」が歌い出しだった。あれは多分、昭和三十年代後半。近頃の話題の小説、矢作俊彦著『ららら科学の子』どころではないのだよ。ホントに。

友人は「そんなに見てて、バカになると親に注意されなかった？」と私に尋ねた。それは覚えてないけど、今にして影響が出ているような気がする、と私は呟いた。

（№44　2004・春号）

## 中年晶子の恋歌の秘めやかさ

さりげなくはあるが、妙に心惹かれる歌がある。

たとえば、与謝野晶子が大正七年の初夏から夏にかけて発表した一連の歌——。

・初夏《はつなつ》は夕《ゆふべ》も朝の心地する君に逢はねど見るここちする　「婦人画報」六月号

・ときめきを覚ゆる度に散るごとし君と物云ふかたはらの罌粟　同　七月号

・恋すとももののあくがれの心とも見ゆる境に悲《かなし》むわれは　「新潮」七月号

・必ずと誓言立《せいごんだて》をしたるより忘れがたきは片恋にして　同

・足をもて一歩退き翅《はね》もて百里を進むわりなさか是れ　同

晶子は結婚後も久しく夫寛を「恋人」「君」と呼び、さまざまに恋心を詠みつづけてきた女性。だから右の歌もその延長線上にあると想像することはできる。けれども私には、この大正七年ごろからしばらくの間に登場する「君」や「恋」は、従来のそれとはどこか違うように感じられて仕方ない。対象へのためらい、はにかみ、抑圧感が滲み、同時にみずみずしい秘めやかさが匂うのだ。

根拠があって言うのではないが、これは夫という規定の相手でなく、特定されない夢の所産でもなく、まさしく純粋な恋心を傾けるに足る異性に向けて詠んだ歌ではないか。表現に籠められた微妙なニュアンスや、小さな暗号の一つも読み落とすまいと、私の内なる声が何度も囁く。そのたびに、有島武郎の名が過ぎっていくのである。

不死鳥を意味する歌集『火の鳥』(大正八年刊)に、これらの歌は収められている。

(№45　2004・夏号)

# 二十八年前の夏の思い出

転居してから、七月二十七日でちょうど一年。去年は冷夏だったので、引っ越しが大変といってもまだ切羽詰まった感じはなかった。今年のような猛暑だったら、確実に体調不良を起こし、下手をしたら四年前の夏のように腎盂腎炎で入院などということになっていたかもしれない。

そんなことを思いながら、もう一つ、真夏の記憶を呼び戻している。

一九七六年、大学四年生の七月のこと。卒業後の就職について特に目算もなく、本当を言えば就職したいと積極的に思っていたわけでもなかった。ただ身近にいた高校の教員が「夏休み冬休みがあって給料は男女平等だから」と言うのを聞いて、それなら試験でも受けてみようかといった気楽さで愛知県の公立高校の教員試験に臨んだ。

名古屋市のどこかの高校が会場だった。試験は朝から始まり、教科は教育一般と専門教科だったのではなかったか。冷房がない会場は猛烈な暑さで、握っているシャープペンシルが汗で何度も滑った。頭がぼんやりして、考えようとすると余計に濁る。一つだけ覚えている問題は、評論文の各段落の始めに空白があり、接続詞を選んで入れる、というものだった。どれを入れてもいいような気がして、つまらない設問だな、と霞のかかった頭で思っていた。

どうやらペーパー試験には通ったらしく、九月にさらに面接試験を受け、高校の教員になることが決まった。

短歌を作り始めたばかりで、将来はさしあたり高校で国語を教えることになるらしいとしか考えてなかった、二十八年前の夏の思い出である。

（№46　2004・秋号）

## 記憶の玻璃の片々の

川端康成の短編小説の中で、主人公の少女が手鏡をのぞきこみながら、「今日のことはきっと一生忘れない」と呟くシーンがあった。もう小説の内容もすっかり忘れたが、少女がある心境を深く思い含めて自らに語りかける光景は、なぜともなく私の心に染みついた。人生のうちには、他人から見てなんの意味がなくても、自分にとって不思議に強く記憶に残る映像がある。高校の運動場の彼方に沈んでいく秋の色濃い夕陽であったり、仕事に向かう私を塀の上でじっと見送っていた飼い猫であったり、バスの中から小学生の妹と眺めた曇った街並みであったり。そのたびに私は、まるで手鏡をのぞいて呟く少女のように、「ああ、この景色はいつまでもずっと記憶に残るだろうな」と思った。そして本当に記憶に嵌め込まれてしまった。

映像としての記憶が集積され、人の生に埋め込まれるということ。他愛ない、脈絡のない、価値に変換されないそれらは、傷みを伴わない玻璃の破片のように人体のあちこちにまつわり、いつか訪れる死をもってすべて消える。長い人間の歴史は、事件や事柄の堆積でなく、もしかしたら記憶の玻璃の片々の膨大な寄せ集めなのかもしれない。
去年の秋、多摩川べりを歩いていて赤トンボがたくさん飛んでいるのに驚いた。夜にはマンションの小さな中庭でカネタタキの声がチンチンと響き、私は自分と虫の生の輪郭が触れあっているかの気分を味わった。ところが今年は雨が多くて、気が付いたら晩秋……。そんなことを思う眼前の空の茜が美しい。

（No.47　2004・冬号）

## 江戸っ子健在

雨の夜にタクシーに乗った。電車に乗って歩くという一連の帰宅方法が、その夜はちょっと面倒だったのだ。

住まいのある地域を告げると運転手の男性は「ああ、すみませんねえ。そっち方向はまだ詳しくなくてね。アタシはね、つい最近この仕事についたばかりでさ、七十三歳なんですよ」と、なんとも気っぷのいい物言いだ。

「大船で長く洋服屋をやってたんですがね、だめだね、洋服屋じゃ食えなくてさ。でも生まれは浅草」

なるほど、啖呵も切れそうな、声質の明るくてはきはきした口調が心地よい。

私世代になると、たとえ浅草や神田あたりに生を受けた人間でも、もっとイントネーションの弱い、いわゆる標準語の口舌。テレビで見る江戸下町の日常会話や、古典落語を聞くような運転手の語り口が逆に新鮮に感じられる。

そんな印象を伝えると、

「ああ、よく言ってくれまして。そう、アタシは落語家になりたかったんですよ」

気分が良いとみえて、滑舌さらに上昇といった雰囲気。

「だからさ、アタシは大阪弁はイヤなんだね。あのもちゃもちゃーっとした話し方を聞いてると、どうも苛々しちゃうんだ」

やがて私のマンション前に車がついた。三〇三〇円。

「三〇〇〇円でいいよ、お客さん」

私は運転手に一万円を手渡し、彼は一〇〇〇円札を七枚数えて手に持ったまま、レシートだけを私に寄越した。

タクシーから下りかけて、アッと思った。「おつり？　え、まだだったかい？」

江戸っ子健在、なのだった。


（№48　2005・春号）

## 「毎日かあさん」が面白い

小学校に入学したその月から少女マンガ雑誌「マーガレット」を読み始めた私は、生粋のマンガ世代だ。中学時代に手塚治虫の「火の鳥」に震えてシリーズを読みあさり、高校時代にはあの池田理代子の「ベルサイユのばら」に圧倒され、大学時代に白土三平の「カムイ伝」十五巻（小学館文庫）に打ちのめされ、私は人間や歴史についてこうしたものからたくさんのことを学んだ気がする。

でも、気が付いたらマンガから遠ざかっている自分がいた。マンガでなく、アニメが主流になって以来だろうか。たしかに「風の谷のナウシカ」を始めとする宮崎駿の一連のアニメに随分と感心し、「もののけ姫」などは感心を通り越してすっかり魅入られた私だが、十代のころのような耽溺はできない。それはそれでいいと思っている。

長らくそんな気分でいた私だが、最近ちょっと気に入る漫画家が一人できた。西原理恵子である。毎日新聞に週一掲載の「毎日かあさん」がすこぶる面白い。やんちゃな男の子とおしゃまな女の子をもつ母親の、過激な本音とその奥の優しさが読者を笑わせながらほろりとさせる。

　掲載分はこれまで二冊にまとめれられ、それぞれ文化庁メディア芸術祭の優秀賞、手塚治虫文化賞を受賞したが、そんな仰々しい冠は忘れて読んだほうがいいと思う。

　そうそう、放送中のＮＨＫの朝ドラ「ファイト」で番組の最初と最後にちょこっと登場するマンガ、あれが西原理恵子。こんなにメジャーになるとは思わなかったなあ。ともかく、サイバラは今が旬のおオススメ漫画家です。


（№49　２００５・夏号）

## 今を共時体験する舞台

気が付くと週に一回は舞台を観ている。ときには昼夜別々の劇場をめぐることもある。ジャンルも能、歌舞伎、文楽といった邦楽関係から、コンテンポラリーダンス、バレエ、現代演劇、オーケストラからソロリサイタルといったクラシック音楽関係、ジャズなどに及ぶ。

どうしてこんなに舞台を観る回数が増えたのか不思議に思うのだが、つきつめれば錬磨された技芸のナマの迫力と、それを共時体験する濃密なひとときへのときめき、というのに尽きるだろう。

これは読書する楽しさとはかなり違う。気に入った本を読むと、いつも深々となにかが蓄積された実感を抱く。文字を通して入り込んだものが、こちらの内側で醸成され、じわじわと熱を帯びてきたり、これまでの思考の枠組みや世界の見方を変えたりする。

舞台はこちらから出向かねばならない。出向く行為、劇場という場に身を置く行為は非日常的空間への入り口をなす。そして舞台は、洗練された身体表現を軽々とやってのける人々をリアルに接写する装置となるのだ。

近頃観た中で印象が深かったのは、文楽五月公演での『桂川連理柵』、中村勘三郎の襲名披露公演『研辰の討たれ』、女性だけのダンスカンパニー「H・アール・カオス」の『春の祭典』、ドイツの「ピナ・バウシュとヴッパタール舞踊団」による『ネフェス』などだろうか。

私が原稿を書くのはパソコン。舞台がこれに加わると、椅子に座ったままの時間がますます増える。腰に負担がかかり続けているのをどう解消するか。それが当面の課題といえるかもしれない。


（No.50　2005・秋号）

# 第一歌集を作らせたもの

私の最初の歌集『帆を張る父のやうに』は、一九七九年九月の刊行だが、これに先立つ七七年に角川短歌賞をいただき、それ以後の三年間の作品をここにまとめた。書肆季節社を始めて程ない政田岑夫さんからの熱心な誘いを受けてのことだった。

この出版社は塚本邦雄の歌集歌書を一手に引き受けるために作られたもので、ここから私に声がかかったのは、角川短歌賞受賞の言葉として、影響を受けた歌人に塚本の名前を挙げたからだと思う。

それにしても、短歌を始めたのが受賞前年の七六年だから、作品数はまだそんなに多くはなかったはずだ。

今思えばなんと暴挙に等しいことをしたのかとあきれる。昨今の若い歌人は比較的早めに歌集を出すけれど、当時ではまずイレギュラーだったと思う。その頃の大きな結社はどこも同じだったと想像するが、年功を無視して歌集刊行するなどもってのほかという空気があった。若輩者の私は論外に近かったはずで、これが通ったのは、当時属していたコスモス主宰者の宮柊二、英子夫妻の理解があってのことである。

無謀さはこれだけでない。歌集収録の選歌を自分で行い、誰の目も通さなかった。その上、編集も校正も、島田修二氏に栞を書いていただくための依頼の電話も、いっさいがっさい自分でした。二十四歳のことだった。

歌集刊行は七月の誕生日を過ぎた九月。二十五歳になっていた。その夏を私はどのような気持ちで過ごしたのか。恐れを知らない若さは、私に「ひょい」という感じで第一歌集を作らせたのだった。


（№51　2005・冬号）

## 美味しいイノシシを食べましょう

今に始まったことではないが、つくづくと私は飲食への欲望が強いタイプだと思う。何かの折に「お嫌いなものは?」と聞かれることがあるが、私には嫌いな食材とか調理法というものはない。

大事なのは美味しいかどうか。といっても有名な料理店で食事をするかどうかが問題なのではない。食材の新鮮さや旨味やコクといったものが十全に活かされて調理されているかどうかが、関心の最大であり求めるものだ。

そんな私が最近驚いたのは野生のイノシシの肉。いわゆるボタンと呼ばれるもので、産は福井県の山中。猟銃で撃ったイノシシを二十日間ほど寝かせて、ハムのように薄切りにしたものを、ジンギスカン風に焼く。赤身はたしかにボタン色をしているが、真っ白の脂身部分も意外に多い。とはいえ、この脂身はまったくギトギトしていず、旨味がたっぷり凝縮している。さっと焙る程度に焼き、それにレモンをきゅっと搾って塩でいただく。焼き肉のタレをつけてもいいが、私は塩だけで充分。山中の芋や穀類をしこたま食べた文明の汚染を受けていないイノシシには、臭みといったものはまるでない。

「美味いイノシシを食べましょう」と誘って下さったのは越前市のM氏だが、山里の庶民的な店で、こんなに濃厚なイノシシを賞味することになるとは想像していなかった。

食後、店の庭先で鼻を上に向けて高々とぶらさがっているイノシシと対面した。二本の牙が出ているが目を瞑った顔は意外と優しい。下腹部はすでに空洞となっている。固そうな黒い毛が全身を覆い、腹部さえ見なければ眠っているかのようだ。

素材の美味しさを食べるとはこういうことなのだった。


（№52　2006・春号）

## 日本語が衰える果て

漱石の小説『三四郎』で、主人公の三四郎に友人与次郎がこんなふうに言う場面がある。「僕は、丸行燈だの、雁首だのって云うものが、どうも嫌ですがね。明治十五年以後に生れた所為かも知れないが、何だか旧式で厭な心持がする」

ここにある「明治十五年以後に生まれた所為」とは、幼少時に漢文教育を受けなくなったことを指す。漱石は慶応三年の生まれだから、もちろん漢文はみっちり仕込まれた。しかし、時代は変わった。明治十五年以後に生まれた者は、素養の基底から漢文が抜け落ち、その代わりに西欧に眼を向け、漢文と格闘する困難なくして舶来の文物に触れていったということになる。文化教養の根本が変わるとき、次の世代は明らかにそれ以前と異質な文化圏に生きることになるだろう。

このようなことに思いを馳せるとき、私はふと、古典文学をほぼ切り捨てた現在の中学校高等学校の国語教育と比較してみたくなる。あるいは、英会話を取り入れて国語の授業数を減らそうとする小学校教育の昨今を思い返す。

日本語の乱れが言われて久しい時代に、日本語をしっかり鍛える機会を失ってゆく傾向は本当に良いのだろうか。日本語とは語彙のことではなく、言語としての構造や発音のことだ。ものごとを緻密に丁寧に思考する力は母語を正しく使えてこそ可能となるものだろう。

『三四郎』では、日本の皮相な近代文明の先行きについて、ある男（広田先生）が三四郎にこう言う。「亡びるね」。

一九〇八年に発表の小説が一世紀を経て戦慄を呼ぶ。

（№53　２００６・夏号）

## 真夏の幻影

デパートの地下食品売り場の圧倒的な品揃えを物色しながら、東京駅や品川駅の雑踏と喧噪を擦り抜けながら、または地域の商店街の賑わうアーケード街を通りながら、我知らずこう呟く。

「このころ日本は、未曾有の繁栄を享受し、そこにとっぷり浸っていたのでした」

いつも過去形で呟く「未曾有の繁栄」。平和ボケした日本に暮らす私たちは、有り余る物品に囲まれ、こぎれいな服を身に纏い、それらが失われることなど夢にも思わないで暮らしている。

けれども、いつか大きな災いが日本を襲い、すべてを失うのでは、との疑念がうっすら私を覆って晴れない。そのような現実に直面したとき、私たちは〈かつて〉を、きっと胸締め付けられながら思い出すのだろう。そして口走るのだ。「二十一世紀初頭の日本は未曾有の繁栄を誇り、そこに浸る日本人の多くは、今日のような惨状が訪れることなど夢にも想像しなかった」と。

私にはなぜかそうした思いが、まるで既視感のように、ときどき湧き上がる。そのためだろうか、生きている今が少しいとおしくなる。

そんなことを今日も思いながら真夏の銀座を歩いていた。アスファルトが縦横に道路をなし、舗道には人があふれる。

奇妙なことだが、私はいつしか軍服軍帽を身につけ、炎天のもと、細長い塹壕をよろけながら一人で伝っているのだった。遠くで命令の声が響き、塹壕を出た私は今度は匍匐前進で熱せられたアスファルトの上をにじにじと進む。

一瞬の幻影だった。私は汗まみれで疲れ果てていた。

（№54　２００６・秋号）

## 上海を歩く

思い立って上海に出かけた。九月下旬のことである。目的と言えるほどのものはない。ただ経済発展の著しい中国の今を見てみたかったというだけのこと。北京は二〇〇八年のオリンピック開催を睨み、一方の上海は二〇一〇年の万博を好機と捉えている。両都市は無理だが、せめて上海の熱気を感じてみたいと思った。

上海に行くのはこれで三度目だ。最初は一九八二年、次は一九九六年、そして今回。飛び級のような発展は一目瞭然で、表玄関の浦東国際空港も十年前と比べ格段に整備されていることに驚いた。

そして高速道路で市街に入るや、超高層のビル群が近未来映画を彷彿させせんばかりに林立するのに目を見張る。大きいことは良いことだ、というメッセージが一点の疑いもなく形象されている。

しかし片や道路には車が溢れ、バスレーンのバスを縫うようにオートバイが疾走し、その前後を自転車が駆け抜ける。タクシー乗り場はあっても形だけ。乗りたい人は赤信号もなんのその、道路の端で吾勝ちにゲットしようとする。秩序は稀薄なまま、旺盛なパワーがしゃにむに人を突き動かしているように見える。

一言でいえば、剝き出しで放縦な発展だ。どこかバランスを欠いた危うさが直感され、上海が都市のビジョンを実現しようとするその発展の背後に、取り残された諸々の鬱積がきっとあるのではと想像させる。去年春の抗日デモは人民のガス抜きの要素が高いと言われたが、そんな都市の内側から突き立てられる牙のありかを、きらびやかなイルミネーションの中に探ってみたくなるのだった。

（No.55　2006・冬号）

# パクス日本

昨年読んだ本の中で非常に感心した一冊が、杉本信行著『大地の咆吼』だった。副題は「元上海領事が見た中国」。杉本氏は赴任中に癌に冒され、本書を書き終えてほどなく逝去された。そうした状況下で書かれた、まさに渾身の著といえる。

感心した理由はいくつかあるが、ここで触れるスペースはない。ただ、現在の中国が躍進に次ぐ躍進という大方の情報で彩られているのとは別に、いかに多くの困難を抱えているか、それを具体的に知ることができた。

その一つが絶対的な水不足と砂漠化だ。砂漠は首都北京から十八キロまで迫ってきているという。本書とは別の資料では七十キロと記されているが、これは北京のどの地点をもとに計測したかの差違ではないかと想像する。

いずれにしても、砂漠化の進行の速さが、毎年春先に偏西風によって舞い上がる黄砂の量を増大させたのは間違いないらしい。去年の凄まじい黄砂被害は中国のみならず韓国にまで及んだ。

この冬は世界的な暖冬で、地球温暖化現象の一端と言われている。かの大国の砂漠化や水不足だけでなく、日本にもまた何らかの影響が遠からず現れることだろう。

地球規模の大きな不安を前に、短歌は、歌人は、どこまで機能できるのだろうか。この小さな詩型が果たせることなど、もちろん所詮知れている。ただ、そうであったとしても、不安自体をなかったことにはできない。そんな思いが行きつ戻りつするうちに、今号の「パクス日本」二十首が生まれた。

アカルイ未来ハ、来ルノダロウカ。

（№56　2007・春号）

# ソウル瞥見

ゴールデンウィーク直前に韓国を旅した。ソウルを中心とする三泊四日のゆったりした日程で、私としては久々に旅行会社のパックツアーで巡った。

ソウル郊外は水原の「華城」とテーマパーク「韓国民族村」、ソウル市内は宗廟と「昌徳宮」を見学。民族村を除きいずれも世界遺産である。ただ、この「昌徳宮」のような歴史的な場所ですら、「チャングム」の撮影場所にイ・ヨンエの写真と日本文の説明書きが置かれていたのは、予想はしていたもののやはり拍子抜けした。

なるほど今の日韓関係は悪くない。買い物を楽しむために南門通りや仁寺洞通りを歩いたりもしたが、日本人観光客の多さに驚いた。喧伝されていた通り、韓流スターのポスターが日本人向けに貼られている。

市民経済が誘導する日本への融和的なムード作りは、一面での成功を収めつつあると実感する。その上で、二つの国はどのように付き合っていくのがいいのかと、誰もが思う感想をまた私も抱いたのだった。誰もが思う感想の上塗りは気恥ずかしい。けれどもそこからしか出発できない。
首都の真ん中を貫いて太々と漢江が流れ、からりと乾いた初夏の風が吹き、鳩ならぬたくさんのカササギが「昌徳宮」に集い、頼んだ行く先にたどり着けないタクシー運転手がそれでも英語で対応するソウル。その顔かたちは確かに日本人に似ているが、横溢する街のエネルギーの種類はソウルと東京とで確かにどこか違う。その違いを肌で感じることに私の韓国初体験の意味があった、ということにしておこう。

（No.57　２００７・夏号）

## 武蔵野の時空を遡行する

多摩川に程近いのマンションに引っ越して来て、この夏で丸四年になった。いっぱしの地域の住人だ。

このあたりのいくつものマンション群は、川縁にあった企業が撤退したり移転したあとにできた。同じエリアにはキヤノンやANAといった大企業も並び、あたかも時代の先端をゆくピカピカの地区であるかの雰囲気をもつ。

しかしそれは表向きの顔に過ぎない。最寄りの武蔵新田駅の近くにある新田神社は一三五八年に建立、これは新田義興が謀殺された年で、『太平記』によれば、謀殺のあと怪光やたたりがあると評判になったため、義興を埋葬した塚に造立したのだという。

同じ沿線の多摩川駅前にある浅間神社は、源頼朝を追ってきた妻の政子が夫の武運長久を祈り、神社を祀る亀甲山に「正観世音像」を建てたという縁をもつ。

そしてこの亀甲山という小山こそは、実は南武蔵を代表する多摩川流域最大の前方後円墳古墳で、全長一〇七メートル余。さらに近くには同じレベルの宝来山古墳があった。過に一去形でいうのは、宅地造成工事でほとんど削られてしまったからだ。二つの大古墳の間に小円墳が八つあり、一帯は田園調布古墳群と呼ばれている。世に有名な高級住宅街は、一五〇〇〇年前の古墳の上に成り立っているのである。

私がたまたま移り住んだエリアは、広大な武蔵野の大地のうちの小さな点にすぎない。かつての武蔵野には背丈を越える草木が繁茂し、沢水が流れ沼には葦が靡いていただろう。そして多摩川は満々たる大河だったに違いないのだ。この夏、私はそんな緑を幻視していた。

（№58　２００７・秋号）

## 広島、真夏の下を歩く

「空領」は手元の辞書には出てこない。空の領域の意味で使えたら、と思っての造語のつもりだが、試しにネットで検索すると、僅かな例としてたとえば航空領域の意味で使われていたりする。

じゃあ、空の反対の海領はあるかと辞書で探してみたところ、やはり載っていなかった。どうして「空領」などという言葉にこだわっているのか自分でもわからない。大空の茫洋たる広がりでなく、少し宗教的な匂いがあって質感を伴う、そんな空のありようを捉えてみたかったというほかない。

十月上旬に広島市を訪れた。県の歌人協会に招かれてのことだが、私にとっては十五年ぶり、二回目のこと。短歌大会をひとまず無事に終えて、旧日銀広島支店の建物や原爆ドームなど市内をあちこち案内していただきながら、さまざまな思いが湧くのに自分でも驚いた。約半世紀前の歴史の圧倒的な力が私を揺さぶったということか。

何かを感じ取る感受性のありようは、若ければ無条件に敏感だというものでもなさそう

ない。だ。ある年齢を過ぎてから、染みこむように受け取ることができることもあるのかもしれ

真夏の空で炸裂した凄まじい破壊力をもつ原爆に思いを馳せる。そのことが、空を単なる空間とは少し違ったものに感じさせるようになったか。「空領」という言葉にこだわりを持つのは、そんな体験が下敷きとしてあるのかもしれないと、これを書きながらふと考えた。

（№59　２００７・冬号）

## 憂愁は晴れず

最近はほとんど見かけなくなったが「思秋期」という言葉が一時よく使われた。青春時代の思春期に対して、中年に至って抱く人生の惑いや迷いの時期をこう呼んだのだ。もともとは一九七七年に阿久悠、三木たかしのコンビに、岩崎宏美が歌って大ヒットを飛ばした曲名で、この場合は青春時代の終わりを意味していた。

思秋期がより広く使われることになったきっかけは、ジャーナリスト斎藤茂男によるルポルタージュ『妻たちの思秋期』を発端とする。一九八二年の刊行だから、もう四半世紀も前の著書。豊かになった日本が抱える中年女性の心の危機を綿密な取材によって描いたもので、その翌年にはTVドラマ「金曜日の妻たちへ」がヒットした。

その後思秋期が流布しなくなったのは、もちろん中年女性が揃って救われたからではない。質こそやや違え、中年男性も混迷の度合いにおいてそれほど女性と違わないことが一般に認知されたからだろう。バブルの蜃気楼が消えたあとはもっと悲惨な展開となり、思秋期というい ささか感傷的な言葉では追いつかなくなったのだと私はみる。

こんなことを思いながら、私は一方で中年期の寂しさや憂いをうまく表す言葉があればいいな、と考えたりする。中年も半ばを過ぎるあたりから身近に病気を抱えたり亡くなったりする人が出てきて、その上、超高齢化社会が出現しようとしているのに薔薇色の将来がまるで描けないのだから、私の憂愁は少しも晴れない。晴れないままに、せめて今年の桜は美しくあれと思ったりするのだ。

（No.60　2008・春号）

## 「群蝶図」に思う

姓は岸、名は岱。合わせて「がんたい」と読む。半年前に行った金刀比羅宮で、岸岱（一七八五〜一八六五）を初めて知った。京都で虎描きの名手として一世を風靡した人気絵師だったという。しかし私がそこで見たのは、夥しい数の蝶が舞う「群蝶図」であり、柳に映える白鷺の障壁画だった。円山応挙と伊藤若冲がお目当てだったはずの私だが、岸岱の、ことにも「群蝶図」に吸引された。精妙にして幻想的。リアルに徹していながら、この世ならぬ時空がそこにあった。

半年を経ても忘れがたい絵というのは、なかなかあるものではない。私はもともと即詠が苦手で、ある状況に身をおいたのちに記憶に残り感性に刻みつけられたものだけしか詠めないできた。現時点をなかなか前のめりに描けない。心身が深く感受したものだけが濾過されて歌になる。「群蝶図」を詠むとは、つまりそういうことだ。本誌掲載の「センチメンタル・ジャーニー」二十首は旅の歌ばかりだが、同じ心持ちで詠んだものである。

大阪の国立文楽劇場はこれまで何度も訪れている。けれどもどういうわけか、ほとんど歌の素材としなかった。しかしこの春の公演では、「勧進帳」で弁慶を、「桂川連理柵」では長右衛門を遣った桐竹勘十郎の人形にいたく動かされた。彼の天才は承知の上だが、勘十郎の中で何かが変わったのか、それとも見る側の私に変化が生じたのか。鶴澤清治のシャープにして高い技術をもつ三味線にも耳が奪われた。

旅と詠む行為について、さまざまに思いを馳せる春である。

（No.61　2008・夏号）

# 消えた空洞

そろそろ定期的に自分の体を内側から知るように心がけよう、と思うようになって十年近く。過去には大田区の検診を受けていたが、ここ三年ほどは夏に人間ドックを受けてきた。何でも経年したものは点検とメンテナンスが必要だ。今年もそれにならって大森のM病院に行った。

人間ドックは流れ作業だ。指示の通りに、血液採取や心電図測定やレントゲン撮影を行い、およそ二時間で終了する。M病院では昼食を平和島クアハウスという施設内でとる。ゆったり休息して病院へもどり、医師から診断結果を聞くというシステムだ。

私の懸案事項は、総コレステロール値とLDLコレステロール値が高い、いわゆる高脂血症であること。食事療法が第一段階で、努力のかいあって去年より数値はおちた。が、まだ標準圏内まで達していない。甘いものと油脂の多い食事はさほど多くないと思うので、更年期特有の症状か、わが愛するワインによるのではないかと想像する。

不思議な変化が一つあった。私の肝臓には直径七センチにも達する大きな空洞があり、これは肝嚢胞といわれる全く珍しくない症状。毎年のレントゲンで観察される。ところが今年はそれが消えた。黒く映るはずの空洞がない。医師は初めての所見という。つまり嚢胞は自然に埋まるものではないらしいのだ。右の副腎のあたりにぼんやり腫瘤状のものが見え、もしかしたらそれと関わるかと言う。

翌週、ＭＲＩの精密検査をおこなった。結果はまだ出ていない。待機中の身ではあるが、肝臓は待機もなにも、今日も活躍中である。

（No.62　２００８・秋号）

## 「ワルツ・フォー・デビー」に寄す

50年代、60年代のジャズが好きだ。肉声そのもののヴォーカル、ピアノを代表とする鍵盤楽器、サックスやトランペットなどの金管楽器、クラリネットなどの木管楽器、ヴァイオリンやベースといった弦楽器、そしてドラムやパーカションの打楽器。それぞれに天才が出現して、目眩く才能を発揮し、名曲がたくさん生まれた。

私がジャズを聴き始めたのは70年代、大学生になってからだから、思えばその頃はあの当時の天才たちも多く生きていたことになる。

ジャズについては専門家がたくさんいるから知ったふうなことはいえないけれど、ささやかな愛情を語るくらいなら許してもらえるだろうか。

ピアノ、ベース、ドラムのトリオとして第一に好きなのは、ビル・エヴァンスの率いるトリオ。ジャズというとなんとなく黒人のイメージがあるが、ビル・エヴァンスは白人だ。ジャケット写真でしか知らない彼の風貌は、どこか物理学者のような神経質さと繊細さが見て取れる。そのピアノのクリスタル感とエスプリに富んだ緻密な音楽の構成力は、聞き手の心を遠く透明な世界へと運んでくれるのだ。
名盤と呼ばれる中で私がもっとも愛聴するのは歌にも詠んだ『ワルツ・フォー・デビー』。有名な「枯葉」の収録された『ポートレイト・イン・ジャズ』も素晴らしいけれど、私にとっては『ワルツ・フォー・デビー』が染みる。このところ、神経が疲れているときに聴きたくなるのは、他のどんな音楽でもない、ビル・エヴァンスであるということ。理由なんかどうでもいい。ただ浸っていたくなる。

（№63　2008・冬号）

## そののちの十年目

人にはそれぞれ周期的に訪れる人生の変動期というものがあるかもしれない。ものの本で読んだところ、小田原ではこれまで七十年周期で大きな地震があったそうだが、もしかしたら人間にもそれに似るリズムのようなものがあるかと思ったりする。

小田原といえば、今年はどうやらシュガー短歌会が出来て満二十年となるらしい。なんと長い年月、ひとつの街とご縁があったことか。

そしてふと思い出した。

私の一冊目の歌集『帆を張る父のやうに』が上梓されたのは一九七九（昭和54）年の秋。愛知県の大学を卒業して二年と半年のころだった。

三冊目の歌集『シュガー』は一九八九（平成1）年の夏。この歌集名が秋にスタートした小田原の短歌会の名称由来となったはずで、私が短歌の教室というものを初めてもったのはここだった。関東圏での生活は、すでに七年目を迎えていた。

『帆を張る父のやうに』から『シュガー』までが十年。

それから十年経った一九九九（平成11）年春に、私は一年間のパリ滞在を終えて日本に戻った。その一年によって、精神的にはそれ以前とはっきり違いができたな、という気がしている。

十年周期説をとなえるほどのこともないけれど、帰国後の十年目が今年となる。私はまだ東京に暮らしている。

人は十年もあれば思いもよらない方向へ行くものだ。そう思うと、今年あたり何か人生の区切りとなるようなことが起こっても不思議ではない。

期待するでなく、恐れるでもなく、淡々と二〇〇九年の日々を送り始めた私だ。

（№64　２００９・春号）

## 「いま」を素足で踏む決意

求められる創作者というものは、いまある世界を言葉によって新しく形象する人のこと。誰もが感じていながら、いまだ明確な定義がなされていない「こと」や「思い」を、くっきりと詩の言葉で提示すること。表されることで世界の見方が一瞬に変わること。それができるのが本当の意味での創作者なのだろう。

そんなふうに若い頃は思っていた。そのたびに背筋を伸ばし、自分の言葉を探そうと私なりに努めた。そのために時代の手触りをひりひりするほどリアルに感じ取りたいと願っていた。

けれどもいつしか書く行為は仕事や義務になり、手慣れた手法で言葉を扱い、まとまりをつけるようになってしまった気がする。

明け方、ふと眠りから覚めた瞬間にその思いが体の奥から突き上げ、ぎょっとして布団から起き上がった。この春のことだ。

「いま」を素足で踏み、その内側にあるものに素手で触れたい。適った言葉と表し方を新しく見つけたい。より本質的な形で表現に関わりたい。我ながら気恥ずかしくなるほどの青臭い物言いだが、そんな心持ちの昨今だ。

じゃあ、どうしたらそれが叶うのか。二十代の頃の瑞々しい感受性はとっくに失せ、無知ではあったけれどおののきながら世の中と向き合った健気さはない。書く意欲に突き動かされたら一晩中のめりこんでも平気な体力、というものも勿論ない。同じ身体であれ年月を経てここまで変化した以上、心のうちに答えを見つける他はない。

欅並木の緑が萌えつつ匂う下を歩きながら考えている。

（No.65　2009・夏号）

## 感情経験の連鎖

人の感情には二つの種類があるように思う。瞬間的に抱くものと、長年かけて醸成されるものと。そのいずれかが場合に応じて顔を出し、人間関係に色合いをつける。

まだJRのSuicaカードが普及せず、地下鉄にはメトロカードを利用していたころだから、今から五年以上も前のことだろう。

サラリーマンがあふれる夕方の新橋駅近く。初夏だった。前を行く男性が上着を脱いだ途端、ヒラリとなにかが落ちたのに気付いた。メトロカードだった。拾い上げて「あのぉ」と言っても雑踏で声が届かない。男はどんどん先を行く。仕方なく小走りし、その背を軽く叩いた。男は邪険な表情で振り向いた。私は激しい後悔を押し隠してカードを掲げ「落ちましたよ」と伝える。彼はきょとんとし、その直後に「ああ、どうも」と幾分の照れを滲ませて笑った。三十代半ばのすっきりした良い表情だ。

男が振り向いてから笑うまで数秒。目の前で人の感情が秒単位で鋭角に移ろうさまに、私は言いしれぬ衝撃を覚えていた。予想外の状況下で他人に示す剥き出しの表情は、人間の本質をかくも見せつけるものらしい。

大のおとなが今更何を驚くか、とは思ったが、何かが刻印された。心の波立ちは感情の経験となって記憶装置に組み込まれ、醸成される。

しかし私自身がその折の男性と同じことをしないと、いやこれまでしてこなかったとどうして断言できよう。ある日、あるところで、私は何度もやったに違いない。人の感情経験はこんなふうに連鎖していくのだ、きっと。


（№66　２００９・秋号）

## 二・二六事件と与謝野晶子

学芸総合誌「環」（藤原書店）編集部から「来年早々に二・二六事件の特集号を出すが、同時代人の反応として与謝野晶子について書いてほしい」という主旨の話を受けたのは二〇〇五年秋だった。西田幾多郎、河上肇らに混じって、女性では唯一晶子がこの特集にコミットできるのでは、と考えたという。

昭和に入り晶子は突然のごとく右傾化するが、そこに昭和三年の「満蒙」の旅が介在したことは明かだった。南満州鉄道が文化人を招待する国策旅行に与謝野夫妻も乗ったということだ。大連・ハルピン・旅順などを贅沢にめぐる旅は奉天まで来て、北京を目前に足止めとなる。そして張作霖爆殺事件に遭遇した。

昭和六年九月、満州事変勃発。翌年には上海事変。晶子は高揚感のままに戦争容認の文章を書く。十一年二月「二・二六事件」。しかし同年五月に「自由の復活」という、自由封殺の恐れを予感した一文を発表。このあたりから読み取れる晶子の内面はどうか。昭和史を勉強していない私は、編集部の期待にはあまり応えられなかったと思うが、逆にそのことが新たなテーマを導いてくれた。晶子は何に反応してあれほどまでに烈しく右傾化したのか。

先頃刊行の加藤陽子著『それでも、日本人は「戦争」を選んだ』が一つのヒントを与えてくれた。この秋、北京とその郊外の盧溝橋へ行き、日中戦争へと突き進んだ発端の現場に立ってみた。今後の方向性が少し見えた気がした。

先の「環」は特集部分が単行本『二・二六事件とは何だったのか──同時代からの視点と現代からの視点』となり、ありたがいことに拙文も収録された。

（№67　２００９・冬号）

## 「読み」の力の衰え

短歌の読解力について最近よく考える。歌人の「読み」の力が全体に衰えているのではないかとの指摘もしばしば聞かれる。その通りだと思う。読みの力を鍛える場として機能するのは、手近なところでは結社や同人誌の歌会だ。言葉の選択や斡旋が一首の中でどのような意味・効果をもつか。上句と下句の接続によって歌の展開はどう変化するかなど、先達に導かれて学ぶことは多い。その微妙にして決定的な違いは、独学ではなかなか習得できないものだ。

しかしここ十年ほどは歌会の磁力が弱まったのか、文語と口語の折衷が当たり前となり、価値感の多様さがなんでもありの状況を生んだせいなのか、ゆるい歌が増えてきた気がする。歌人にとって「詠み」と「読み」は両輪のはずだから、これは読解力のゆるさをも物語ると考えていいのだろう。

私は、歌人はもっと近代短歌を読むべきだと考えている。明治、大正は歌人たちが格闘しながら新しい文体を得、歌われるべきコンテンツを見出そうとした、そういう時代だった。その延長にあっての私たちなのだから、謙虚に振り返り、自分たちの立ち位置を確認したらどうかと思う。

もう一つ提案するとしたら、歌人だけでなく一般の短歌愛好者に向けて「読み」の楽しさを味わってもらう場所を作ったらどうか、ということだ。練達した読みの巧者がひもとく近現代短歌の豊かさは、現代のような先行き不透明で不安定要素の高い時代に、心の潤いや人間への信頼を喚起できるのではないだろうか。言葉の世界の広さや面白さも。私の小さな夢想である。

（No.68　２０１０・春号）

## 端境期の背中は少し寒い

ウェッブ、写真、メール、ビデオの機能を一つに備えた「iPad」が話題を呼んでいる。「iPhone」が便利だと言う友人たちは、当然ながら五月二十八日の「iPad」発売日を待っていて、進化する通信機器をスイスイと、また嬉々として我が物としていくのだろう。

一方で、ペーパー書籍から電子書籍への移行が必然の流れで進行している。千年単位で蓄積されてきた本というものの形態の常識は、まもなく一変するのだ。

わが家に山脈をなす本が電子書籍として一枚のパッドにすべて収められ、眼前から消えるなら、それに越したことはない。大量の本には正直いってウンザリしている。

けれども読みたい本を手にとりながら香りのよい紅茶を飲むひとときは、それはそれで身に染み付いた喜びがある。ああ、矛盾。

歴史の端境期といえばそのとおり。渦中にいる人間の一人として、私もなんとかその流れについていくべく、青息吐息で日々を送っている。それは充分に自覚している。少しでも気を許せば、たちまち時代から取り残されるのは必定で、それでもいいじゃないのと片方で思いながら、片方では言い知れぬ不安がよぎる。

それとは次元の違う不安もある。日本の政治の不安定さと経済状況の不透明さがもたらす、あてどない将来への不安である。

電子通信機器のディスプレイは実にクリアで色彩が美しい。現実の混沌として得体の知れない見えがたさとは対照的だ。そのバランスの悪さの中で、私は背中のあたりがいつも少し寒い。


（No.69　２０１０・夏号）

# 十年ぶりの歌集『天の砂』

九月末を目指して十年ぶりに新歌集『天の砂』を刊行する。二十世紀最後の年に『カフェの木椅子が軋むまま』を上梓して以来なので、本当に久々となる。どうしてこんなに間が空いてしまったのか。前歌集以後、もちろん次をと考えなかったわけではない。むしろ何度も口にし、早く原稿をまとめねばと自らに言い聞かせていた。にもかかわらず、どうしても心が起き上がらなかった。歌集を出す根拠を見出せなかったのだろう。

歌集とは、作品が溜まれば一冊一冊と形にしていくもの、と漠然と思っていたが、もしかしたらそうではなくて、内なるゴーサインの声が上がった時がそのときなのではないか、と今にして思う。

ゴーサインは、今年に入ったある日、風が吹き抜けるように聞こえてきた。小さな風音ではあったが紛れもない確かさで耳元をかすめ、それを私は、なにか新鮮な響きをもって受け止めていた。

私はそのとき、妙な言い方だけれど、自分がどれほど歌集を待っていたかを知った。

パリから帰国して間もない一九九九年七月から二〇〇三年末までの四年半が今回の歌集の背景となる。たった一年の不在で日本と自分とが決定的にズレてしまったこと、それを修正できないまま葛藤し続ける間に、自らの拠って立つ場所がわからなくなってしまったのだった。

しかしこのたび原稿を整理し、歌集の体裁にする中で、現在につづく心の軌跡がくっきりと見えてきた。苦しくはあったが、遅ればせながら、やっとパリ以降四年半の決着がついたといったところか。今の私に迷いはない。

（No.70　2010・秋号）

## 東京を歩く

人生の半分ほどを東京で暮らし、気分的にはもう東京の人間だと思っている。この先も多分、延長を生きていくだろうなと感じながら、一方で愛知県には実家があるので、これとの共存（？）はどうするのか、など物理的にも心理的にもどこか未決定なところがある。

未決定を抱えて過ごすということは、腰が据わらないのと同じなのだろうか。しかしそれほど定住にこだわらなくていいと私は思っているし、人間はだれも畳の上（ベッドの上？）で死ねる保証はないのだから、生活の憂いがないうちは移動できる範囲内で暮らせばいいのではないか。

名古屋市に人生の拠点を置いた春日井建にこんな一首がある。〈いづこにて死すとも客死カプチーノとシャンパンの日々過ぎて帰らな〉（『白雨』）。どこで死んだって客死…。

二〇〇四年に六十五歳で亡くなった春日井だが、咽喉癌ののちの心境が、こういった形で詠まれた。ヴィスコンティの映画『ベニスに死す』が匂い、いささかかっこよすぎるとも思うけれど、これが彼の美学なのだ。いたずらな悲愴感のないのがいい。

東京は時間の堆積の上に広がる混沌たる巨大都市だ。変貌する時代のマグマに促されて激しく蠢き、私の小さな未決定などゼロに等しいと嘲笑する。だからこそ、ここでささやかな生を送る。そう思っている。

今号掲載の「晩秋東京情景集」二十首は、東京を歩くをテーマにした。といっても自分の生活圏を外れることはほとんどなく、ただミクロ東京の切片を寄せ集めたものにすぎない。


（№71　2010・冬号）

# あの桜の樹

春になると思い出す桜の光景がある。といっても、いわゆる名所の桜ではない。二十代の終わりから四十代半ば近くまで暮らした、世田谷区奥沢の住まいの庭に植わっていた桜だ。

その借家は二階建てで、かなり古くはあったけれど天井高の立派な構えの家だった。家主が植えた桜の樹は伸びるだけ伸びて、二階建ての屋根を越える高さがあった。

三月も半ばを迎えると、枝枝の先の小さな蕾が色を帯び始め、それが無数にあるものだから、二階の寝室のガラス窓の外はやさしい明るさを湛えるようになる。手を伸ばせば指に触れることもできた。

桜の蕾がふくらみ、小さく開き、満開になる。いつしか落花の季節に向かい、風の中に花びらが流れていった。

そんな眩しい桜の表情を、眼前に毎日眺める贅沢さといったらなかった。朝も昼も夜も、そして晴れても曇っても雨に打たれても、それぞれが桜に変化を与え、私の目を引き寄せた。

　三十代の終わりだったたか、暮れなずむ夕べのほのあかりの桜を、半ば陶然と、そして言いしれぬ哀しみに浸りながら眺めていたことがあった。畳にすわり、白葡萄酒を一口ずつ飲む。暮れきるまでのわずかな間、ひとり桜を観ていた。

　奥沢の桜を観ながら、たくさんの桜の歌を詠んだ。その後パリに行き、帰ってきたら、家主は桜の樹をばっさり伐ってしまっていた。

　住まいの庭に植わった桜を眺める。そんなことは私の人生で今後ありそうもない。ありそうもないから忘れられないのだ、あの桜の樹を。

（No.72　２０１１・春号）

## 「3・11」の後を生きる

三月十一日に起こった東日本大震災と原発事故。あるジャーナリストは、この凄まじい災害を大東亜戦争後に次ぐ「敗戦」と言った。

なるほど日本は、なすすべもなく災厄に屈し、復旧・復興への道のりも遠い。

三陸では遠からず大地震は発生すると予告されてそれなりの対策はなされ、福島第一原発も絶対安全のお墨付きがあった。

しかし「想定外」の巨大地震によって、日本は一瞬にして負けた。日本人のほとんどは、敗戦の予兆もなく負け切った。私たちは負け切ったという実感を、唐突に突き付けられたのだ。

これは大東亜戦争の敗戦への傾斜とは、あまりにも違う。私たちはあのときとは質の異なる敗戦後をこれから生きることになる。いまだ収束せぬ原発事故を抱えて、である。

映像というメディアを通して毎日、毎時、被災地の凄まじさが映し出され、それが刻刻と更新されていく。私たちの両目は釘付けとなり、それは心に焼きつく。被災地の厳しさを同時体験することはないまでも、悲痛さを共有することになった。

だから会う人の多くは「気持ちが落ち込んでしまった」「集中力が衰えた」「なんとなく不安で仕方ない」といった後遺症を語る。

時代のパラダイムは二十世紀とは大きく変容しつつある、と去年私は書いたり言ったりした。今回の「3・11」はそれを決定し、次なるパラダイムへの転換点となった。私たちは後遺症を癒しながら、ではどこへ向かって歩んでいくのだろう。こんな思いが私を捉えて離さない。


（№73　2011・夏号）

# 久保摩耶子さんのこと

ベルリン在住の現代音楽作曲家・久保摩耶子さんが六月終わりに一時帰国した。私が十二年前にパリにいたころに知り合った女性だ。

東日本大震災の発生直後、ドイツでは日本への深い同情が寄せられたという。震災後に摩耶子さんからメールが来た。私に地震や津波を詠んだ歌はないかと問い合わせてきたのだ。たまたま角川「短歌」五月号用に三十首をつくり、そのうち十首がそれをテーマにしていたので、さっそく送ってみた。

彼女はすぐに独訳し、さらにドイツ人作家の友人が詩的に言葉を磨き（私はドイツ語がわからないけれど、そのようらしい）、文筆家・アーティストたちのウェブサイトに掲載して下さった。それなりの反響があったらしい。

その後、六月初めにアジア人音楽家による震災チャリティコンサートがベルリンで開かれることになった。私の十首のうちの三首は摩耶子さんによって作曲され、演奏していただいた。おまけに十首すべてがドイツ語で朗読されたのだという。ありがたい、という以上にとても驚いた。反応の早さに、である。

ひるがえって日本の歌人たちはどうだろう。

新聞、短歌総合誌、結社誌にはあふれんばかりに震災や原発事故の歌が並び、その勢いはまだ続く。けれども自作を朗読したりジャンルを超えて広く訴えようという努力がどれほど払われているのか、いま現在の私は知らない。

久保摩耶子さんは帰国中に被災した三県を回った。「日本人なら見ておかなくちゃダメよ」と言う。しかし私はまだ東京にへばりついている。


（No.74　2011・秋号）

## 追悼と復興祈念のための詩人朗読会

九月九日から十三日までインドを訪れ、この短い滞在の間に、首都デリーと聖地バラナシ（通称ベナレスは誤訳）を旅した。私にとって初めての地である。旅の目的は、東日本大震災から半年目に当たる九月十一日に印日の詩人が集まり、追悼と復興祈念のための詩歌朗読会をおこなうというもの。詳細は毎日新聞夕刊（11・1付）で報告したのでここでは触れない。

インドの九月は、まだ猛暑といっていい。昼間の気温は四十度近いし、湿度は常に80〜90パーセントもあるから蒸し暑さは尋常でない。三、四日に一度はスコールが襲い、道路を歩くのも困難になる。またカースト制がいまだに残るこの国には、すさまじい貧富が厳然としてある。

インドを訪れる日本人は、その後はっきりと好き嫌いが分かれるという。私は実は判断保留だった。カルチャーショックの大きさを、どう受け止め判断していいのかよくわからなかったのだ。

二ヶ月後。晩秋の日本で振り返り、歌に仕立ててみると、インドから受けたものの意味が少し納得できた。

熱暑のさなかの白昼夢のような日々にあって、私はたしかに躍進途上の首都デリーを歩き、世界遺産を眺めた。聖地バラナシを貫くガンガー（ガンジス河）では、小舟に乗って不思議な宗教儀式を眺め、牛や水牛の間を縫って走る車に揺られ、立ち小便が普通の猥雑な市内を通り抜けた。カレー料理と強烈な蒸し暑さは私の肌に食い込んだ。この暑さは二度と御免だと舌打ちした。しかし今、マサラチャイを飲みながら、また行ってもいいと思う自分がいる。

（№75　2011・冬号）

# 旅の記憶を歌にする

与謝野晶子は四十代後半以降、よく旅をするようになった。地方の支援者や学校などの招きを受け、講演や歌会、揮毫もする。もてなしを受ければ応え、旅といっても概ね仕事を兼ねていた。それでも温泉に浸る楽しみは何物にも代えがたかったらしい。

晶子は旅先でおびただしく歌を詠んだ。けれども五十代を過ぎてから、歌の多さに反比例して歌集刊行の意欲は失せたように見える。生前最後の歌集は寛との共著『霧島の歌』（昭和4）。鹿児島への招待旅行の一集である。以後の累々たる旅の歌の一部は、晶子自選の岩波文庫本（昭和13）に収録された。本人はそこで近詠への自信を明らかにするが、目指すべきものは何だったのだろうか。

気が付けば、私も小さな旅をする機会が増えた。仕事主体のこともあれば、煩瑣な都会生活の疲れを忘れるためのこともある。そうしたささやかな変化が心の潤いを取り戻させるとき、旅はいいなあと実感するのだ。

今号は、秋から年末へかけての小さな旅をもとに、さらにそこから派生する旅への思いや歴史に踏み込んで作品化した。沖縄は那覇、箱根仙石原、三河湾を望む西浦への旅である。そのほか岩手の盛岡と北上、南房総に出掛け、歌のメモも残したが、今回は誌面スペースがもうない。

旅の記憶を歌にするとは、そのときその場所で自分が呼吸し、何かを感受したという生の切片を置き残すことである。消したくない記憶が歌になるのではなく、消えない記憶が歌になるのも面白い。やがて茫々たる時間の底に沈むだろうあえかな切片なのだ。

（No.76　２０１２・春号）

## 安永蕗子さんを悼む

九州は熊本の歌人、安永蕗子さんが三月に亡くなった。その作風は、律呂の整って言葉の響きよく、端然とした佇まいを持つ女性短歌としては前例のないスタイルだった。

その裏付けとなっていたのは、なんといっても五経四書、漢詩といった漢籍の教養である。安永さんはそれらを若き日のうちに身につけ、一方で日本の古典文学の知識を深めた。また推理小説や絵画といった方面にも詳しい。さらに書家として世に名は通り、熊本県の教育委員長も長くなさったという。

たっぷりと内面を肥やしながら、その生き方や価値観はストイシズムという背骨に支えられていた。理智と叡知がもたらす爽やかさが全身に漂い、美意識の高さは立ち居振る舞いの美しさに及んでいた。企画力や行動力も並々ではない。

そうしたすべてが歌人・安永蕗子を形作っていたのであり、その作品を形成した。

私が短歌を始めたころ、安永さんはすでに歌壇のスターだった。しかし全盛期はむしろその後にあったのであり、私は安永さんの還暦過ぎた頃の作品から、ずいぶん学んだものがあったと今更ながら思い返すのだ。

戦争が青春時代を奪わなければ、胸の病がなければ、結婚の機会があったならば、安永さんはまた別の印象をともなう歌人として世に出たのだろうか。想像を馳せてみたくなる。

大正世代の歌人が次々と鬼籍に入る中にあって、時代と歌人の関わりが戦争を介在して語られることや、そこに該当する歌人たちも残り少なくなってきた。このことに思いを致すときに私たちはいる。


（No.77　2012・夏号）

## ロンドンオリンピックの傍らで

ロンドンでオリンピックが開催された七月二十七日から八月十二日。アスリートたちの連日の競技は本当に素晴らしく心がときめいた。

そのこと自体は素敵な夏の記憶となったけれど、初日、二日目を過ぎてすぐに不安になった。ＮＨＫはニュース以外の時間ほぼをすべて概ねオリンピックに当て、夜九時の「ニュースウォッチ９」でさえオリンピック関連で埋めたのだ。世界の話題がすべてここに集中するはずはなく、テレビが浮かれている間に大事なことがマスキングされ私たちはうかうか見逃してしまうことになりはしないか。そんな漠然とした怖れが晴れることはなかった。

どうしてテレビはあんなにはしゃいだのだろう。どうしてオリンピック情報はあんなに公共の電波を占めることになったのだろう。オリンピック前の増税、オスプレイ、原発再稼働などの問題はどこに隠れてしまったのか。

釈然としないまま半月を経たが、ついに竹島への韓国大統領の上陸、尖閣諸島への香港の活動家たちの上陸という事態がおこった。これを書いている段階では解決の方向がまだ見えていない。識者はさまざまな見解を述べているけれど、どれが確かなのか私にはわからない。

十八日、多摩川べりの大花火を眺めた。マンション上層階から次々と眼前に開く花火を見ていると、その美しさが心にしみた。多彩な光が一瞬にして燃え尽きる美しさは毎年のようにこの目に触れてきた。それなのに、今年もまた淡い哀感のうちに花火の打ち上がるひとときは流れた。

厳しい残暑はまだ続く。

（No.78　2012・秋号）

## つまりは平和だった

今の住まいに移ってから、気が付いたら九年以上が過ぎている。来年の夏を迎えるとちょうど十年か、と思った瞬間、急にうろたえた。

過去を振り返ってみると、もっとせわしく人生のアップダウンがあり、彩りの幅があった気がする。たとえば十年という単位の年月があれば、その間には押し寄せるように状況的変化が起こり、そのたびに日々は色合いを変えていった。少なくともパリ滞在を終える一九九九年春まではそうだった。

それなのに、どうしたことだろう。以後の十三年半ほどは滑るように時間が流れ、とくに多摩川べりのマンションに暮らし始めて以後の日々はどこか平板だ。もちろん生きている以上はそれなりの喜怒哀楽があり春秋を通して何かが生起した。にもかかわらず、それらが動かぬ基底の上部をゆらめき移ろってきた陰影のようにしか感じられない。

もしかしたら、それが人間の辿る通常ルート的感情のありようなのか。人の世のあらかたがわかるようになり、よほどのことがない限りは今ある日常の延長を送るだろうという漠然とした生活感覚が、年齢相応に私の感受性を鈍化させてしまったのかもしれぬ。つまりは平和だったのだ。

それならそれで受け入れるしかない。これまでに作り上げてきた人間関係・価値観・方向性といったものは、たぶんもう大きくは変わらないのだろう。としたら、アラの目立つあちこちを補正し不備を修繕し、それなりの形にまとめることに心身を費やす時期が私に訪れたことになる。しかし予定調和はイヤだ。もう一人の私が肩を揺する。

（№79　2012・冬号）

# インドで与謝野晶子を語る

インドへの訪問は今回で二度目。前回は二〇一一年九月中旬で、この折の体験は同年の本誌冬号に二十首発表した。

今回は季節的には一番良いとも言われる二月半ば。国際交流基金・日本文化センターの招きで十六日、与謝野晶子についての講演をおこなった。

パワーポイントを使って晶子の人生のアウトラインや文学的業績を解説し、それをインド在住の菊池智子さんが堪能なヒンディー語で通訳して下さった。

その後、晶子の短歌七首と詩一編を朗読。これに重ねてインドラプラスタ・カレッジ教授のレッカ・セティ先生がヒンディー語で朗読して下さった。

短歌の歴史と詩型の特徴、晶子の詩歌の解説は、菊池さんが通訳。三人の女性による協同作業となった。

聴講者は90パーセントがインド人。日本語がわかるインドの大学の日本文学研究者もいたが、それ以外は日本語を聞いたこともない人達ばかり。女性と男性が半々というのが興味深かった。この方達に晶子はどう伝わったのだろうか。

十八日には歴史と伝統のある女子大学で、少しコンパクトな晶子の講演と朗読をした。同時に私自身の短歌も披露させていただいた。

インドの公用語はヒンディー語。英語は準公用語だ。それゆえのヒンディー語による晶子は、いまだ男性社会のインド人の現状に何かを訴えられただろうか。

（№80　２０１３・春号）

# 寺山修司、没後三十年

今年五月四日は、寺山修司の没後三十年目の命日だった。存命なら今の時点で七十七歳、喜寿ということになる（ちなみに誕生日は一九三五年一二月十日）。

歌人だけでなく、劇団天井桟敷を率いる演出家であり、映画監督、エッセイスト、競馬評論家と多彩な顔をもっていた。

本業を聞かれると「僕の職業は寺山修司です」と答えるのが常で、「わたしという存在は何者か」との問いを終生にわたり己に突きつけていた人だったと思う。

これに関していえば、「あなたは誰ですか」と寺山がさまざまな男女に聞き、答えに窮したり、職業や社会的立場を述べる人々を映したフィルムを、かなり以前テレビで見た記憶がある。日本人は自分をどう認識し、立ち位置をきめているのかがよくわかる映像で、つまり与えられた立場や人間関係の中での位置づけをもって己の意味や表象とするのが日本人の特質なのだと理解させた。

だから彼が「僕の職業は寺山修司です」と言うとき、多様な肩書きをすべて引き受けて総体として生きることを選び、その事で生活する覚悟を己に課した人間であろうとする、そんな決意表明を意味したのではなかったか。

寺山が亡くなった三十年前といえば、私は横浜に暮らし始めてほぼ一年というところだった。彼の歌集は読んでいたが、その死を悼む特番や特集はどこか遠かった。環境の変化に追われ、生活することに一杯一杯だったのだ。だから同時代人としての寺山を共有していない。その時差はいまだに尾を引いている。

（№81　2013・夏号）

## 同質化、均一化に抗いたい

七月の参院選で自民が圧勝し、日本の空気がそれまで以上に同質化してきたような落ち着かなさを感じる。

この延長にあって、たとえば、同調圧力が掛かれば世の中はズルズルと一つの方向に傾いていきそうな気がする。異見をそれとなく無視したり脇に押しやったりする空気の均一化に、無抵抗に準じてしまいそうな漠然とした不安が漂う。

いや、年齢のなせる技なのかもしれない。なにしろ体のあちこちについた贅肉は現実そのもの。ゆえに内面も鈍化していて不思議ではない。

……などとブツブツ呟くこの夏。それにしても暑い。

もはや異常気象は異常でなく常態化したのだと観念し、新たなステージに私たちは身を置き、かつ決して後戻りできないのだ、と覚悟することにした。

でも、やっぱり本当は覚悟などできそうもないし、覚悟自体もしたくない。二十世紀後半の季節感を身体化させつつ育った私は、そのままの季節の移ろいのうちに今世紀を生きていきたい。

「あの頃に後戻りはできないよ」と耳元で囁かれて、「ああそうですか」などと応えたくもない。地球の生理に従って出現するものなら仕方なく許すけれど、人間が自己の欲望に引き摺られて作り出した異常気象や季節の不順に、コックリと頷くなんてことはしたくないのだ。

自国の利益に服し自国の将来に利する、そのための国家運営。この大義を推し進める先に待っているのは何か。

誰もが予感する暗く圧倒的なモヤモヤ。それを吹き払うべき風はまだ吹かない。

（№82　2013・秋号）

# 多様性を生きる時代に

もう二十年ほども前のこと、ある会の同じメンバーで五十代の男性がふっと吐息をつくように語った。「気持ちはみなさんと同じ年齢層なんだけど、ショーウィンドウなんかに映る自分の姿に気付くと、いつもびっくりするんだ」

その人は確かに年齢相応の風貌ではあったが発言も発想も若々しく、三十代の多いメンバーに混じって何ら違和感がなかった。研究畑という職種にもそれは関わっていたかもしれない。彼の吐息を「なるほどな」と聞きながら、三十代の私はその言葉がじんわりと記憶に染みこんでいくのを感じていた。

人は経年に従い身体が変化する。体験によって表情や心もちは変わる。しかし精神の深度や充実度合いは必ずしも実年齢と重ならないらしい。

心と体が足並み揃えて年齢を重ね、老いを順直に受け入れていく。そういう時代はすでに終わったのではないか。近頃ますますそんな思いが強くなる。ダイバーシティー（多様性）という用語も数年前から使われ私の思いを説明してくれるが、これに頼るまでもなく、個体差の広がりは大きいと実感する。

あれから二十年が過ぎて彼の言葉が思い出される。ただ私はショーウィンドウに自分の姿を見つけてもさして驚かない。いろいろな局面で私に変化が訪れ、ときに素直に、ときに抗いながら、その変化のもろもろを受け入れてきたと思うばかりだ。

多様性を生きる時代にあって私は私らしい日々を送りたいと念じている。逆にいえば私らしくない時間をできるかぎり過ごさないようにしたい。それが今年の思いの決算だ。

（№83　２０１３・冬号）

## ソチ冬季五輪の日本人選手

冬季オリンピックのシーズンになるたびに、私には思い出すことがある。それは十年以上も暮らしていた世田谷区の借家を引き払い、フランスでの生活を始めるための準備をしていた一九九八年の二月の日々のことだ。あれから十六年が経った。

慌ただしさと身の引き締まる緊張。生活のすべてをリセットするとは、なんと膨大なエネルギーを使うことなのだろうか。さまざまな書類を整え手続きを果たし、フランスへ送る荷造りを期限内にまとめ、実家に託す家具など諸々の荷物を引っ越し屋に渡す。仕事は三月まで普通にこなした。あれほどまでに一日一日の濃い冬はなかった。

その年の五輪開催地は長野。新幹線が長野まで走り、日本人選手の動向は連日メディアを賑わせた。しかし私には何の記憶もない。

長野以後の冬季五輪は、ソルトレイクシティ（米）、トリノ（伊）、バンクーバー（加）。開催のたびに私は渡仏直前の日々を思い出した。

今回のソチでもまた同じ感慨に浸っている。一方で日本人選手の物怖じしない生き生きした表情と多彩な競技での活躍ぶりが頼もしい。私の心持ちの変化ゆえか、テレビで観る限り十六年の間に日本人の体型はバランスがぐっと良くなり洗練されたと思う。

バブルが弾けて以来、失われた十年、二十年と称されて経済低迷が続いた日本だが、その傍らでスポーツのグローバル化は確実に進んでいたのだろう。若者の閉塞感が強いと言われる現代だが、五輪選手は海外遠征が多いためか自然体で開放感も以前よりずっと大きいと感じるのだ。

（No.84　2014・春号）

## 「花子とアン」を裏読みすると

今春からスタートしたNHK連続テレビ小説「花子とアン」が予想以上に面白い。村岡花子の生涯をたどるとの予告を見た際には、よくある著名人の一代記だな、くらいにしか思っていなかったが、事実と虚構を上手に組み合わせながら、明治という圧倒的な格差社会を逞しく生きる花子の人物像がそれなりに説得力をもって描かれている。

この文章を書いている時点での年次は明治四十二（一九〇九）年。後に歌人として名を成す柳原白蓮（ドラマでは葉山蓮子）が九州の炭鉱王のもとに心ならずも嫁ぐと決まったあたり。仲間由紀恵が堂に入った演技を見せる。

蓮子は与謝野晶子の『みだれ髪』、雑誌「明星」を愛読し、詩「君死にたまふこと勿れ」を花子の兄に読み聞かせる。魂の自由を求め強権化する体制への批判を婉曲的に示すところがなかなかいい。

また花子の父は社会主義に心酔して、堺利彦や幸徳秋水の平民社をモデルにした出版社に出入りし、関係書籍を売り歩く。社会主義の意味が本当にわかっているかどうかよりも、社会矛盾を直感的に感じ取って行動に移すところがこれまたいい。

明治四十二年は「明星」廃刊の翌年であり、晶子は失意の夫に代わって執筆などで家計を支え始めていた。啄木は小説が売れず、生活のため東京朝日新聞社の校正係に。浅草の私娼窟に出入りし、デカダンスの日々を「ローマ字日記」として書き記した。

同じ年、花子は得意の英語を武器に人生を切り開こうとしている。このドラマの向こうに近代短歌史の裏読みができるのがなんとも楽しい。


（№85　２０１４・夏号）

## 映画に残る自然の風景

パソコンのモニターのすぐ横にテレビが鎮座している。どちらも同じような薄さで、サイズもほぼ同じ。切羽詰まった原稿書きのとき以外は、たいていテレビ画面も映っている。テレビ隆盛時代に少女期を送った私の悪癖だ。

NHKのBS3で時々放映される、昭和半ばあたりに作られた、新幹線や東京オリンピック以前の日本映画は、なるべく見る。とくに時代劇の場合は必見だ。高層のビル群に侵されない自然のもろもろが地面を豊かに覆っている光景が見られるからだ。

長谷川一夫や市川雷蔵、若き日の三船敏郎や勝新太郎などが活躍した股旅ものや旧東海道が映し出される映画はたまらない。決して広くない道ながら両脇に松並木が映え、道から下れば草の繁茂が彼方まで広がる。川をまたぐ橋は年季の入った木橋。清水の次郎長ものなどは当然ながら富士山が美しく、麓のなだらかな田園は瑞々しい。心底うれしくなるではないか。

実はストーリーはほとんど追っていない。ただ人物を取り囲む風景を見る。

こうした映画の風景だけを寄せ集めて、だれか一本の映像にまとめてくれないだろうか。かつては確かにあった自然の景色を、古びてはいるが光も影も鮮烈な映像をぼんやりと見ていたい。

私が子供のころ、ススキの靡く原っぱや、アスファルトの敷かれていない埃っぽい道や、トンボの飛ぶ田の穂波が当たり前にあった。私の郷里からそれらは消え、消えてしまったという喪失感が昭和半ばの映画を見るたび胸に疼く。疼く自分を、ここ東京南端の片隅で受け止めている。

（№86　2014・秋号）

# ペトルチアーニのピアノ

ミシェル・ペトルチアーニというジャズピアニストがいた。一九九九年一月に満三十六歳で亡くなった短命さは、遺伝的要因が強いとされる。骨形成不全症という障害で骨が極端にもろく、身長は一メートルほどまでしか伸びなかった。脚はペダル踏み機を使わねばならなかったが、上半身は通常に成人したのでピアニストの命である腕は鍵盤上を十分に走らせることができた。十三歳でソロデビューし、十八歳でトリオを組む。以来、亡くなるまで天才の名をほしいままにした。

私は彼のCDを何枚か持っている。リリシズムと躍動感、曲想の飛躍力と美しい音色、テクニックの鮮やかさとトリオの絶妙なハーモニー。

初めて聴いたとき、「わおッ」と叫びたいほどの演奏に驚いたが、ペトルチアーニ本人はすでに彼岸の人だった。

その瞬間、私の胸はキュッと鳴った。彼の息づかいや指のタッチまで私の耳は辿れそうなのに、すでにこの世にいない人という事実に、言うに言われぬ悲しみを覚えたのだ。

聴覚は、ときに視覚よりもリアルで深い。両耳を介して音は体の中に入り込み、心を揺さぶったり震わせたりする。何かの記憶をごそっと呼び戻させることもある。魂に触れるとは、たぶんそういう体験をいうのだ。

魂に触れる言葉を見出すことはできないものか。そのような言葉による短歌を、一生のうちに一首なりと詠むことはできないものか。何に向かって生き続け、詠み続けるのかわからなくなるとき、最近の私はペトルチアーニのピアノを聴く。すると自意識が消え、もう少し進もうかと思う。

（№87　２０１４・冬号）

## 〝イスラム国〟登場が招いたもの

今年の年始ほど衝撃的な一月は記憶がない。

正月明けの八日、パリで過激派による新聞社襲撃があった。イスラム教を風刺した漫画家や編集者など十二人が銃撃されて死亡し、フランス国内で大々的なデモがあった。その衝撃を上回ったのが、イスラム国を名告る過激派集団による邦人二人の拘束。去年夏から晩秋にかけて相次いでシリアで消息不明となっていたが、一月二十日になって突然、ネット投稿による画像で二人の姿が映された。

詳細は書くまでもない。この日以来、私たちはとんでもないことが現実に起こったのを知ったのだった。無残な結果に誰もが息を呑み、日本人全体が揺さぶられた。

閉塞感とも言うべき重苦しくイヤな空気がここ数年ほど日本を覆っている。今回の事件後、その閉塞感はやや色合いを変えてきたように思う。日本にこの先なにが待っているのか。

プチ★モンド歌会は毎月、銀座六丁目の貸し会議室でおこなう。だから銀座の通りを必ず歩く。そのたびに「変わっていくな」と呟く。

繁華な街並みは昔と同じで勢いもあるが、店舗の顔に時代の流れはありありと見える。中国などから押し寄せる外国人観光客には圧倒される。

私が東京に暮らしはじめたのは一九八三年の夏。その頃の銀座は街の表情に優雅さがあった。その後バブル期に入り、にわかに狂騒的な空気をまとった。バブル期が終熄すると過剰さは一掃され、やや沈潜した穏やかさが戻った。

それ以来の変貌と、これからの変化。銀座にこの先なにが待っているのだろう。


（№88　2015・春号）

## 初夏の幻

お腹まわりやお尻をすっぽりと覆って、しかも少しふんわりしたところにデザインの可愛さをまとうチュニック。中年体形をしっかりカヴァーしてカジュアルな楽しさを印象づけるチュニックは、女性にとって実にありがたい上着といえる。

仕事着には向かないし、自分に似合わないだろうと決め込んでいたのだが、試しに一着求めて以来、すっかり馴染んでしまった。なんといってもその緩さが心地よい。

ある日、電車の吊革に片手を委ね、片手は重い鞄をさげて体のバランスを取るべく上半身を反らしていたところ、座席の女性と目が合った。七十代半ばの気のよさそうな人だと思ったとたん、彼女は私に小声で告げた。

「赤ちゃん、お腹にいるんでしょ？　大変ね、座って」

ええっ？　私のこと？

ふと見おろすと自分のチュニックが前方に大きく膨らんでいる。そうか！

「すみません、そうじゃないんです」と、吊革の手を下ろしてチュニックのお腹のあたりを手で押さえる。すとんと膨らみが消えた。

マスクをしていたので、こちらの年齢は把握しにくかったのだろうが、私は妊婦と思われ、同情までされていたのだ。申し訳ない。

女性が電車を降りたあと、なんだか嬉しくなっている自分に気付いた。身籠もっているように見られたこと。それで見知らぬ人から親切にされたこと。新しい命をこの身に孕んだイメージに覚えずかすかな感動を味わったこと。

柔らかなチュニックが私に与えてくれた、ささやかな初夏の幻である。

（№89　2015・夏号）

## 天皇陛下の「お言葉」

八月十四日の宵は、テレビ画面の安倍首相による「戦後七十年談話」を注視して過ごした。いわゆる村山談話、小泉談話を引き継ぐものだが、なんだか長いなと感じた。直後のニュースで三〇〇〇字を超えたと伝えられた。

談話を書いたのは外務省の人間か専任ライターだろう。攻めに対して全方位的な守備性を持ち、文章の流れは澱みがない。首相の意を汲んだ必要語彙が散りばめられて文脈に無理がない。そのツルンとして陰影のない文章は肉声の体温に欠け、それゆえ政治的配慮に装飾された、公共の箱物のような印象だ。

翌十五日の正午、全国戦没者追悼式では天皇の「お言葉」が放送された。例年と異なる「平和の存続を切望する国民の意識」「さきの大戦に対する深い反省」の文言が加わっていた。考え抜かれた言葉の重さが心に響いた。

平和の存続は、たしかに七十年続いてきた。その間に誕生し、日本の経済的発展の恩恵を受け、バブル崩壊以後の困難を見てきた私世代は、ありがたい人生を送ってきたのだろう。

しかし特に今世紀に入って以来気になっていることがある。文学、とくに古典文学が読まれなくなった。日本人の美意識、人智と思想のエッセンスが凝縮した古典が急速に忘れられつつある。万葉集や古今和歌集といった和歌文学だけでなく、源氏物語、平家物語といった日本文化やその精神史の根幹をなすものの存在が希薄化している。

古典を読まないということは、日本語に託された心の歴史を忘れることだ。このままでいいのだろうか。

（№90　2015・秋号）

# ココアのひと匙

大事件が起こらず今年が終わればと願っていたら、十一月十三日、パリでＩＳによる無差別テロが発生した。一二九名が亡くなった。前月にはロシア航空機が、やはりＩＳが持ち込んだ爆発物によって墜落し、二二四名が命を落とした。これらの惨劇は、なんとも不気味な予感を抱かせる。今後、東京で同じようなことがない保証はあるのか。誰もがそう思ったことだろう。

漠然とした不安感はもっとももながら、テロを起こす側の心に寄り添おうとした文学に触れると、また違った思いにとらわれる。

たとえば石川啄木の詩「ココアのひと匙」。一九一一年六月十五日と自身の記述がある。幸徳秋水を中心とする社会主義者らの明治天皇暗殺計画の嫌疑で、秋水と愛人の管野スガが検挙されてから二週間後に当たる。

〈われは知る、テロリストの
かなしき心を——

言葉とおこなひとを分ちがたき
ただひとつの心を、
奪はれたる言葉のかはりに
おこなひをもて語らむとする心を、
われとわがからだを敵にげつくる心を――
しかして、そは真面目にして熱心なる人の常にかなしみなり。
はてしなき議論の後の
冷めたるココアのひと匙を啜りて、
そのうすにがき舌触りに、
われは知る、テロリストの
かなしき、かなしき心を。〉
国家による思想弾圧は、日本全体を閉塞感に導いた。啄木はテロリストを暗殺主義者と解したが、ISほどの理不尽をまだ知らないのだった。

（№91　2015・冬号）

## 衛生観念と水

四半世紀も前のことだが、ドイツの作家P・ジュースキントの小説『香水　ある人殺しの物語』に夢中になった。

十八世紀半ば、主人公グルヌイユは生まれたときから異様に嗅覚が効く男だった。やがて名だたる香水調合師になりパリ中を賑わせる。ある日陶酔する香りに出会うが、それは処女の体臭だった。その香りを得たいばかりにグルヌイユがしたのは……。

ストーリーの展開は刺激的だった。が、それとは別に当時のパリがいかに不潔で汚れた街であったかに驚愕した。通りには建物の上階から汚物がぶちまけられ、それを避けながら歩くのがどれほど困難だったたか。街全体が発する障気に誰もが眩暈や頭痛を我慢した。では人々は水をどうして手に入れたかと言えば、水売りから買うのだった。鹿島茂著『職業別　パリ風俗』を読み、やっと納得した。

そう思うと同時期の江戸は水に恵まれていた。町に水路が走り上下水道も発達。日本人の清潔好きは筋金入りだ。

しかし明治期に西洋医学が導入されると同時に衛生学ももたらされた。森鷗外がドイツ留学で研究したのはこの分野。公衆衛生は日本の清潔好きと矛盾したのか否か。

一方でアメリカは？　その衛生観念の芽生えはやっと十九世紀半ばだったとか。飲料水に細菌が泳いでいるなど誰も想像しなかったから仕方ない。二十世紀に塩素の殺菌効果が評価され水道水に混入されるに至ったという。

しかし思う。グルヌイユ（仏語で蛙の意）は塩素入りの水では生きられない。天然水を買う日本人が増加し続けているのも尤もなことだろう。

（№92　2016・春号）

# 熊本の大地震に思う

四月十四日の夜、突然ドンと突き上げるような地震があった。どこが震源地かと思いながらキッチンに立っていると、テレビで緊急警報が一際大きく鳴り、その直後に熊本が激震に見舞われたのを知った。日本中の誰もがテレビに釘付けになったことだろう。しかしこれは前震であり、本震はその後の十六日未明に襲った。震度7が二度も、という現実におののいた。

「短歌研究」誌に熊本の歌人・安永蕗子についての評伝を連載し、三年目に入った。そういう縁があって、熊本にはいつしか思い入れが深まっている。メール、電話、ファクスでご連絡し、私の知る皆さんは無事であることがわかり安堵した。しかし被害はそれぞれに大きかったようで、遠方ゆえに何もお手伝いできないのがもどかしい。

首都直下地震が向こう七十年ほどの間に来ると予測されてしばらく経つ。今回の熊本地震を見るにつけても、その際にはどうなるかといささか暗い気分になる。

現実の激しさと紛れも無さは表現の現場に何をもたらすのだろう。

ＩＳなどの凶暴なテロ、果て知らぬ内戦といった圧倒的な恐怖、大陸伝いに押し寄せる難民の困難は、現在のところ日本とは無縁だ。ありがたいことだが、目に見えにくいところで何かがすでに準備され、始まっている気もする。
表現はきっと追いつかないだろう。危うさを先取りできぬままボンヤリその日まで過ごし、直面したら取り乱すか衝撃に打ちのめされ、愚かしく押し黙っているのではないか。そんな自分の姿を想像して愕然とする。

（No.93　２０１６・夏号）

## スポーツ観戦という悦楽

詳しいルールは知らなくても、スポーツ観戦はそれなりに楽しめる。私の場合はもちろんテレビやネットでの映像による観戦である。

年齢を経るにつれて、自分が観戦者として純粋に喜びを感じるようになったのを噛み締める。たぶん私の人生で果たすことが叶わないその最たるジャンルだからだろう。

身体能力を最大限に使いながら、ときに長時間にわたり闘うという体験はその人に何を与えるのだろう。勝ちと負けがはっきりする現場を観客たちが見詰める、という経験はアスリートに何を教えるのだろうか。

自国者どうしの闘いより、国際間での競技に、私はより面白さを感じる。愛国心というと大袈裟だが、自分が日本を応援したくなるのは紛れもなく、そういう場合に人の帰属意識は何によって培われるのかと考えたりする。

また、ちょっとした仕草や表情がそれぞれの国の特質を表したりすると、アスリートたちがある年月をかけて身に付けてきた日常の経験差といったものに思いを馳せてみたくなる。

スカウトされてある国の競技メンバーの一員になり、しかし日本人という意識を持つのはどんなときなのか、彼らに聞いてみたくもなる。

私は短歌に関わり始めて、この春でちょうど四十年になった。その時間やエネルギーの総量は、言葉という目に見えぬあやふやなものをどう形象化するかの年月でもあった。恐ろしいほどに厖大な心身の徒労ともいえる。

スポーツ観戦は、その徒労を忘れさせてくれる鮮やかな勝敗のきらめきなのだろう。

（№94　２０１６・秋号）

## トランプ勝利の衝撃から始まること

アメリカで十一月八日に実施された大統領選は、誰もが知る通りドナルド・トランプの勝利に終わった。

日本のメディアや専門家はヒラリー・クリントンが競り勝つと予測していたし、そうでなければあの暴言王にアメリカの命運を任せることになる、それはあまりに無謀で不安だと多くの人は感じていたから、ヒラリーに勝ってもらわねばならないと願ってもいたと思う。日米の関係がこの先どうなるのかの見通しが立たない恐ろしさもあった。

しかし現実はそれを覆した。「トランプの衝撃」という言葉が駆け巡り、連日のようになぜトランプが勝利したのかが問われ解説された。

私はもちろん、この方面に物申せる知見はないし分析めいたこともできない。ただ驚き、言い知れぬ戸惑いの中にいるだけだが、時代の大きな分岐点を越えた共時的体験はしっかり記憶しておくべきだと思った。

いまからちょうど百年前の一九一六年は第一次世界大戦の真っ最中だった。二年後に終結するが、この戦争はロシア革命の契機となってロマノフ王朝を崩壊させた。一方で日本は目的のはっきりしないシベリア出兵に臨む。総数七万三千人が投入された。アメリカのウィルソン大統領に派兵を求められ、国論二分した後に海を渡ったのである。与謝野晶子の評論「何故の出兵か」はこのときに書かれた。

二〇一六年もそろそろ終わる。来年一月に大統領に就任するトランプは強硬路線でアメリカ・ファーストを唱えているが、日本はこの国とどう関わり、私たちはどんな毎日を送ることになるだろうか。

（№95　2016・冬号）

## 集団的欲望の果て

一月二十日にアメリカ大統領に就任したドナルド・トランプ。矢継ぎ早に大統領令を発し、「重責を担う立場でこんなことを本当にしていいのか」と世界を驚かせ、眉を顰めさせるうちに一ヶ月が経った。

当初の高い支持率は、概ねの日本人にとっては信じられないことだが、アメリカでは国民の本心を半ば代弁していたらしい。新聞やテレビ番組などさまざまなメディアで分析がおこなわれた。

二月十二日、北朝鮮が突然ミサイルを発射した。この国が前触れなくこうした挑発行為をおこなうのは通例のことだが、十三日に最高指導者・金正恩の兄氏がマレーシアの空港ロビーで毒殺されるに及び、誰もが戦慄した。これまたメディアは刻々と状況を伝えてくる。

今世紀に入って世界は急激に狭くなった。情報ネットの分厚い雲の下で私たちは生きている。それを実感させる出来事が今年に入って続く。

メールも電話もすべてが傍受可能で、もちろんネットのヘビーユーザーの私などは、お金の出入りも嗜好もすべて見透されている。昨今の言うに言われぬ閉塞感はここに発するのだろう。

便利の代償として支払ったものは大きすぎた。情報化された個の足跡は、死をもってさえ逃れることはできない。

「こんな世界に誰がした」。誰でもない。私たちの集合的欲望の果てがこれだった。マスクをかける日本人が増えている。流感や花粉症対策だけでなく、人の視線を逃れるために。視線は欲望の一つの形だ。視たい、けれども視られたくはない。そのせめぎ合いの内に毎日はある。

（No.96　２０１７・春号）

## 評伝に取り組んで

三年半をかけて「短歌研究」誌に連載した安永蕗子の評伝を六月号で終えた。その準備を含めれば、もっと長い期間を一人の歌人と向き合ったことになる。

こういう経験は初めてではない。与謝野晶子についてはもっと長い年月をかけて読み、書いてきた。

しかし現代歌人という枠取りで言えば、安永蕗子へのアプローチが初めてであり、刺激的で多くを学ぶことができた。

漠然と歌集を読んでいた頃には気づかなかった歌と時代との深い関連を見出した。作品は初出の掲載誌で読むべきだとつくづく思った。イメージで語られる人物像はイメージ通りの生き方をしたわけではないと納得した。

つまりその人が生きた時代に立ち戻り、同時代の人々の声を聞き、自伝の行間に埋もれている本音を嗅ぎ分ける大切さを学んだ。

自伝といえば、安永蕗子のように複数冊の自伝エッセイを持った歌人は少ないのではないか。それが求められる機会と載せるべき媒体があったということだ。

活字への信頼や文化への敬意がまだ日本に十分あった昭和から平成の初めまで、時代の恩恵を受け安永蕗子は存在を示した。そして六十代から七十代がこの歌人のもっとも美しく輝いた日々だった。写真を見れば一目瞭然だ。

その頂点を確立したところで連載を終えた。前のめりで人生に立ち向かい、貪欲に学び努力した歌人だから、これ以上は華々しい成功譚となる。それなら私でなくとも書けるだろう。

彼女の出生地・熊本に今春また行き、納得した。


（No.97　2017・夏号）

## 人生の地層にひそむもの

東京生まれ東京育ちの友人や知人と話しながら、ときに「あぁ、私は中途半端な東京人だなあ」と溜め息をつくことがある。パリに滞在した一年間を除いてさえ三十三年間もここを生活の場としてきた。それでもやはり基本の部分で何かが備わっていない。

でもそんなのは当たり前じゃないか。人は幼少期から十代のころに息をした空間の記憶を人生の地層深くに置く。

私のそれは愛知県岡崎市だった。たとえば四季それぞれの風の吹き方や風が肌に当たる感覚を思い起こすとき、遠くはるかな懐かしさを抱く。これはまさに懐郷の念だ。

私が懐郷と口にするとき、残念ながらここに東京は含まれない。今とは都市の姿がまるで違う三十三年前の東京ももちろん懐かしくはあるが、懐郷とは別ものだ。

北原白秋は第二詩集『思ひ出』を二十六歳で上梓。一九一一（明治44）年のことである。十六歳のころ、酒造業を営む柳河の実家は大火に見舞われた。痛切な哀しみと懐郷の念とが甘やかに溶け合って生まれた詩の数々は、十年を経て心に結晶した大切な宝物だった。

私はその中の「時は逝く」を読むたびに胸が震える。

〈時は逝く、赤き蒸汽の船腹の過ぎ行くごとく、／穀倉《こくぐら》の夕日のほめき、／黒猫の美しき耳鳴《みみなり》のごと、／時は逝く、何時しらず、柔らかに陰影《かげ》してぞゆく。／時は逝く、赤き蒸汽の船腹の過ぎゆくごとく。〉

惜春という言葉がある。人生の春は無為に逝き、決して戻らない。懐郷は惜春に似ている。赤い蒸汽船の船腹は眩しく眼前に迫り、そのまま遠ざかってしまった。

（No.98　2017・秋号）

## 滑るように過ぎる日々の中で

気が付くと週末に近づき、週が明けている。その繰り返しが四、五回続くとすでに次の月と跨ごうとしている。

なんなのだろう、滑るように日々が過ぎていくこの速さは。年齢がかさむに従って一日の時間が短くなるとはよく聞くところだが、いよいよもって空恐ろしい。

与謝野晶子は一八七八年十二月に生まれ、一九四二年五月に亡くなった。単純計算すると六十三歳と五ヶ月の人生だ。しかも最後の丸二年間は脳溢血で倒れた後遺症の中で過ごしたので、実際の活動期は六十一年五ヶ月で終わっていたといえる。

そう思うと、晶子の仕事量の多さにあらためて驚歎する。歌集は二十冊、評論集も十冊を超え、小説などもある。なぜそのような苦しい毎日を途中で放棄しなかったのか。時間の濃度の限界を極めた人生に圧倒される。

生計を支えるという意味でなら、その十年以上前に終の住処を建て（杉並区荻窪）、暮らしに困らぬ日々を送れるようになっていた。子供たちは次々と成年に至り、息子たちはそれぞれに活躍を始めていた。

となると、晶子はワーカホリックだったのか。『新新訳源氏物語』をライフワークとした結果、命の容量を使い切るまで机に向かった、と。こんな理屈ならわかるが、やはり尋常ではない。

滑るように過ぎる日々を滑るままにはさせられぬ。それは決然たる意志と、打ち払えぬ老いや死への恐れの意識と、日中戦争の陰りとが綯い交ぜとなって、五十代以降の晶子を追い立てたということなのか。晶子の逝去の年齢に至った私は今日も自問する。

（№99　２０１７・冬号）

# 二十年前の春

本年春に本誌が百号を迎えたことを感慨深く思いながら、十年前、二十年前の春に思いを馳せてみる。

十年前の記憶は朧だが、二十年前のことは鮮烈に思い返すことができる。過去の記憶の濃淡とは、現在から遡っての時間的距離の遠近と比例するものではないらしい。

一九九八年二月は長野で冬季オリンピックが開催されていた。テレビでは連日、選手の活躍が報道されていたが思い浮かぶシーンはない。しかしそれも当然だった。

私は四月からスタートするパリでの生活の準備と、その頃暮らしていた借家から撤去するための整理や処分、その他もろもろの雑務や手続きで忙殺されていた。

世田谷区の借家は、私には不相応に広かった。昭和十年代に建てられたという木造二階建てで、玄関脇の一部屋はかつて医院を兼ねていたと聞く。だから家屋や床の間の材質は立派だったが、私が暮らしていた当時は、すでに経年の弊害を免れ得ない状況だった。冬場は隙間風が吹き込んだ。そこで一九九八年は三月下旬まで撤去作業に励んだ。

四月からパリでの暮らしが始まる。十六区のパッシー通りに面した建物で、キーボタンを押し重い扉を開けると、左側の壁に大鏡が嵌め込まれていた。そこに映った私の体は今よりずっと細く、緊張で白くなった顔にはうっすらと微笑が浮かんでいた。

多くを細部まで覚えている。私自身が若かったせいもあるだろうが、人生の大きな変化に直面するヒリヒリした実感があったのだろう。そのときは二十年後の春の自画像など想像もしなかったのだ。

（№100　２０１８・春号）

# コラム

# 言葉湧き上がるとき

ちかごろ東京芸術大学で「夏目漱石の美術世界」という展覧会を観た。漱石の関心はターナーやミレーといったイギリスの画家だけでなく、若冲や青木繁にも及んでいたらしい。面白い企画だなと感心しながら、小説やエッセイと短歌は違うからなあ、と呟いたりする。

私はけっこうマメに美術展をのぞくほうだと思う。けれども印象や思いを小さな短歌に掬い取ることは多くない。言葉の輪郭線で説明するのはつまらないし、圧倒的な相手に易々と呑み込まれるのも悔しい。

とはいえ、心と目が吸引され、おのずと言葉が湧き上がるときもある。箱根ラリック美術館でエマイユ（七宝焼き）を見た瞬間、胸が震えた。それは自在に翼をひろげる燕。緑どりの金とラピスラズリのつややかなからだは、瑞々しい初夏の命を象っていた。〈エマイユの瑠璃の燕よ古傷の消えぬこの胸よぎってくれぬか〉。心の古傷はこんなときに切なく疼くのだった。

（読売新聞「短歌あれこれ」第1回　2013・7・8）

## あまりに豊穣な音楽

かつてはLP、今はCD。テレビの音楽番組はブルーレイディスクにどんどん収録する。好きな作曲家や演奏家の音楽を聴きたいという素朴な欲求は、結局モノを増やすことにつながる。困ったものだ。

ジャンルはクラシックとジャズが多い。ポップス、タンゴ、シャンソン、浄瑠璃もあってあまり節操がない（と言える）。

そのような来歴ゆえに、短歌にも音楽を素材にしたものは、そこそこある。

たとえば名盤「ワルツ・フォー・デビー」を残したジャスピアニスト、ビル・エヴァンスのクリスタルな響きについて。またたとえば、三十八歳も年下の人妻に六百通を超える手紙を送り続けた、東欧の作曲家ヤナーチェクの楽曲について。

けれども詠み収めたあとで私はいつも少し悲しくなる。私の言葉の技量で立ち向かうには、愛する音楽はあまりに豊饒で圧倒的だと気付かされるからだ。

（読売新聞「短歌あれこれ」第2回　2013・7・15）

# 心に伝わる言葉とは

心に響く短歌、とはどのようなものなのだろう。長い年月この詩型にかかわり、いまだにこの問いにとらわれている。

春に刊行された馬場あき子著『日本の恋の歌』二巻は、ひとつの答えを示してくれた。平安朝の恋歌の名手・和泉式部の歌は、彼女の生前よりも百年後にまとめられた『後拾遺集』で高く評価されたが、これを馬場は次のように説明する。

「歌人たちは表現の巧緻《こうち》による賞讃を求める反面では、心から心に伝わる言葉の秘密がどこにあるのかを、和泉式部の歌にみていたにちがいない」

恋という感情は時代を問わない。ただそれを表現する際、心を言葉にどう委ねたらいいのかは案外と難しいのだ。

現代の若手歌人の歌をわからないと評する声は多い。「心から心に伝わる言葉の秘密」が見出されていないのか、読者の感受性が追いつかないのか。そんなことを考える日々だ。

（読売新聞「短歌あれこれ」第3回　2013・8・5）

## 「かなし」と日本人

山折哲雄著『悲しみの精神史』、竹内整一著『「かなしみ」の哲学』を続けて読んだ。石川啄木の歌集『悲しき玩具』について考えるうちに、「かなし」という語と日本人との関わりに興味を覚えたからだ。

二冊から納得したのは、万葉集から現代の歌謡曲や小説に至るまで、「かなしみ」の感情が日本人の心性に溶けこみ精神と絡み合う紛れもなさだった。

啄木短歌はともすれば感傷性の強い、若い世代特有の情感を詠んだとのみ思われがちだ。悲劇的な短い人生と口語文体による親しみやすさがあずかっての印象とも言える。

その上で、啄木短歌の魅力を日本人に組み込まれた「悲しみ」の心性に適ったものとして理解してはどうか。実際、中世の西行を別とすれば、啄木ほど「かなし」を偏愛した歌人を思い浮かべることはできない。「かなし」はその意味で彼によって選ばれるべき言葉だったのだと思う。

（読売新聞「短歌あれこれ」第4回　2013・8・12）

## 苦悩から生まれた「啄木調」

百年前というと随分昔のようだが、私にはそれほど遠いこととは感じられない。当時の歌人たちも今の私たちも、案外と似たような迷いや悩みを抱きながら生きている気がする。

一九〇九年、石川啄木はエッセイ風の詩論「弓町より―食ふべき詩」を発表した。日露戦争後の経済不況下にあって明治浪漫主義は凋落し、前年に上京した啄木は貧困の中でもがいでいたのだ。その果てに「実人生」と地続きの、生きるに「必要」な詩であるべきと書く。『一握の砂』に至る口語調の短歌がこれだった。啄木調と言われる表現スタイルを、彼は苦悩しつつ自身で見出したのだった。

歌の作り方、作風は、一度身に付くとなかなか変えられない。しかし時代の空気が変化するとき、手持ちの表現では立ちゆかなくなることがある。そんなとき私は百年前の歌人たちの心情に触れ、表現との格闘の歴史から何かをもらうことが多い。

（読売新聞「短歌あれこれ」第1回　2014・6・2）

## 〈書く〉悲哀を詠んだ晶子

夫が失業同然となり経済的不如意に陥ったら、妻は家計を家族をどう支えるか。そんな家族の一つが百年前の与謝野家だった。

一九一二年は明治から大正へと時代が移った年。二年後には欧州で第一次世界大戦が勃発する。日本は軍需景気を迎え新中間層が厚みを増した。女子教育が一定の成果をあげ、都市部では職業婦人もふえた。

晶子はそんな時代を背景に「書く」ことで生計を立てていく。社会・教育・女性問題を縦横に論じたのだ。しかも歌人であり続けた。そこが凄い。

・黄なる蝶我をめぐりてつと去りぬもの丶み書くをうしと見にけん

・おさへ居し手のひらぬけて五つ六つ目の前に舞ふかなしみの蝶

蝶の季節になると私はよくこれらの歌を思い出す。「うし」は「憂し」。情熱の歌人の意外な表情がうかがわれるだろう。

（読売新聞「短歌あれこれ」第2回　2014・6・9）

## 現代女性の共感呼ぶ白蓮

ＮＨＫ連続テレビ小説「花子とアン」に登場の「蓮さま」の人気が高い。といっても私の周辺でのことだが、短歌に関わらず世代も問わない女性たちの共感を得ているのは興味深いことだ。「蓮さま」は身分・美貌・教養の三点セットを持つ身でありながら、価値観を共有できず心も繋がらない不本意な結婚をした。その苦悶のさまに、現代女性が同情ではなく共感するというところに私は引かれる。

言うまでもなく「蓮さま」は歌人・柳原白蓮がモデルで、夫への訣別状を新聞発表して若い恋人のもとに走った人生ドラマはよく知られるところだ。与謝野晶子の歌集『みだれ髪』を愛読するドラマ映像からは、恋愛や理想といった近代的価値に目覚めた人物像がうかがわれた。

職業や結婚の自由を得たはずの今の女性が人生に息苦しさを覚え白蓮に心寄せるのは、百年を経ても解決できない何かが日本にあるからなのではないか。

（読売新聞「短歌あれこれ」第３回　２０１４・６・30）

# 失われた可能性を再認識したい鉄幹

先月のサッカーW杯で、日本代表は残念ながら敗退した。その悔しさと挫折感を彼らは今後どう乗り越えていくだろうか。

与謝野寛は青年期に鉄幹を名乗っていた。日清戦争後には壮士風の歌を、晶子と出逢ってからは恋の歌を詠み、明治浪漫主義の旗手となる。しかし日露戦争後は自然主義の潮流に押され「鉄幹の時代」はあえなく終わった。白秋ら俊秀の輩出も寛の凋落との対照を際立たせた。自虐、皮肉、絶望。その淵に喘ぐ寛を妻の晶子は支え、フランスに遊学させる。彼の人生は以後も順風満帆とは言えなかったが、古典など勉学を怠らず慶応大学教授にまでなった。晩年近い頃の歌には哀愁がにじむ。

・われ忘る唯だみづからの寂しさを思ふ外には一切の夢

寛の明治期に果たした仕事は多彩でその理想は高かった。失われた可能性を再認識したいと今にして思う。来年三月二十六日、没後八十年を迎える。

（読売新聞「短歌あれこれ」第4回　2014・7・7）

# 巻末エッセイ　光太郎とラリックをつなぐ「蝉」

## 光太郎がパリで遭遇した「ラリック」

高村光太郎は生涯にわたって美術と文学の両方に専心し、それぞれの分野で独自の作品を残した。優れた才能の持ち主だった。

では彫刻家と詩人のどちらが優先されていたのかと言えば、そのエッセイを読む限り自身は彫刻家であると断言しているし、また高村光雲を父にもって生まれた以上、彫刻家であることが宿命付けられたのは当然だと理解される。私のように文学の領域にいる者からすれば、詩人としての顔のほうが前面に見えるのは間違いなく、翻訳や評論活動などの疎かならぬ実績を考慮すれば彫刻家の姿はさらに少し後ろに感じられる。

しかしいま私は彫刻家としての光太郎について書こうとしている。小さな発見が、わくわくするほどの想像を掻き立てるからだ。

わくわくの理由は光太郎の一文に発する。

「冬になると美術工芸品の新物が盛に売り出されます。工芸品でパリに名高い店が二軒ある。一つはラリツクと言つて、プラース　ド　バンドーンにある店。二つと同じ品を作らないのを誇りとしてチヤンとラリックの銘を打つて置きます。も一つをガイヤールと言ふ。この二軒は競争で新物を作り出し売出すのです。」　「早稲田文学」（明治42・8）

「早稲田文学」編集者の誰かが光太郎のもとを訪れて談話筆記したものらしい。耳で聴いたままを書き起こしたからだろう、ヴァンドーム広場（プラス・ヴァンドーム）は「プラース　ド　バンドーン」と書かれている。パリ一区にある名高い広場で高級ブランド店が軒を連ねる。その一軒がガラス工芸品店「ラリック」で、光太郎が展示された品々を見た店。現在も同じ広場に位置する。

光太郎が師・岩村透の勧めに従い米欧で美術の修行をすべく日本を離れたのは一九〇六（明治39）年二月。ニューヨーク、ロンドン、パリへと住まいを移し、パリには一九〇八年六月に到着した。約九ヶ月をモンパルナスのカンパーニュ・プルミエールのアトリエで過ごし、イタリア旅行をしたあと帰国した。到着は一九〇九年七月初め。

この経緯を総合すると、光太郎が「ラリック」の作品をガラス越しで眺めたのは確実に一九〇八年初夏から〇九年三月までの間。見た回数は一度だけかもしれないし、それ以上かもしれないが、右の文章を読む限り時期は冬と思われる。パリはクリスマスシーズンを当て込んで商品を美しく陳列するから、十一月から十二月ころのことではないか。

ここで「ラリック」について少し説明しておきたい。

店の名の由来は、ルネ・ラリック（René Lalique、一八六〇年〜一九四五年）による。十九世紀には裕福な中産階級相手の宝飾デザイナーとして一世を風靡し、アール・ヌーヴォー様式の華やかなジュエリーを制作した。しかし二十世紀に入ると女性のボリューム感ある衣服は次第に直線を生かしたデザインへと嗜好を変え、それに伴いラリックの装飾性高いデザインは一九〇五年を境に売れなくなる。起死回生を図るラリックに幸運が舞い込んだ。一九〇八年、香水会社コティはより豊かになった中産階級の女性を顧客に得るため、ガラス瓶に香水を詰めて販売するという戦略を立てた。それにふさわしい優美な香水瓶とラベルのデザインをラリックに依頼したのだ。翌年、ラリックはパリ東方にガラス工場を借り、以後これを購入してガラス工芸品を主力商品として押し進める。ほどなくアール・デコ期を代表するガラス工芸家へと成長した。

さてここまで書くと、光太郎が「ラリック」の工芸品を見た年とは、ラリックがコティの香水瓶とラベルをデザインし評判を呼んだ年に重なることがわかるだろう。同時にラリックが贅沢なジュエリーから、より多くの購買者を意識してのガラス工芸に力点を移し、新商品を売り出すべく戦力を傾け始めた年であったことも理解される。

偶然の一致だが、話はそこで終わらない。

## ガラスの「セミ」、木彫の「蟬」

一九〇八年時点におけるのラリックのガラス工芸品には、たとえばどのようなものがあったか。光太郎はどのような作品に目を止めただろうか。それが知りたくて調べたところ、「アッ」と息を呑んだ。焦げ茶色の小箱「セミ」があった。

よく知られる通り、アール・ヌーヴォー様式は欧州で十九世紀後半に流行したジャポニスムからの影響が大きく、植物、小動物、自然風景などが素材として選ばれた。装飾品について言えばラリックに先行するエミール・ガレ、ドーム兄弟が有名だが、同時期のラリックは宝飾品にアール・ヌーヴォー様式を採り入れ、さまざまな花や鳥、昆虫などを自在にデザインした。

だから装飾品の「セミ」が精緻な形を象《かたど》ったところで不思議はない。

ではなぜ「セミ」に驚いたかと言うと、光太郎には現存が確認できる木彫の小品として

「蟬」を数点制作しているからだった。すべて一九二四（大正13）年以降の作品である（『生誕130年　彫刻家・高村光太郎展』年譜　二〇一三年）。
　蟬は光太郎が愛を注いだ対象だった。「蟬」制作年次に重なって次のような短歌を彼は詠んだ。

　鳴きおはるとすぐに飛び立ちみんみんは夕日のたまにぶつかりにけり

　　生きの身のきたなきところどこにもなく乾きてかろきこの油蟬

　　飛びたつとき吾が手を掻きてゆきし蟬の足の力の忘られなくに

　　小刀をみな研ぎおはり夕闇のうごめくかげに蟬彫るわれは

　いずれも大正十三年に文芸誌「明星」で三回に分けて発表した八十八首中のものだが、光太

ルネ・ラリック作／小箱「セミ」
1902年頃／箱根ラリック美術館蔵
写真撮影：小川　剛

郎の高揚感が生き生きと伝わる。

夏樹にしがみつき鳴いていたミンミン蟬が勢いよく夕日に向かって飛ぶさま、捉えた油蟬を凝視しその形態を愛おしむ心持ち、蟬の足掻きの触感と飛び立つ命の力、研ぎ終わった鋭い小刀を握りしめて懸命に蟬を彫る自身の姿。光太郎はどうしてこれほどまで蟬を好んだのか。

昭和十八年になっての記述だが、蟬を彫る思いをつぶさに描いた長文がある。


「私はよく蟬の木彫をつくる。鳥獣虫魚何でも興味のないものはないが、造形的意味から見て彫刻に適するものと適さないものとがある。私は虫類に友人が甚だ多く、バッタ、コオロギ、トンボ、カマキリ、セミ、クモの類は親友の方であり、カマキリの三角のあたまなどには殊に愛着を感じ、よく自分の髪の毛を抜いて彼に御馳走する。（略）しかし彼は彫刻にはならない。形態が彫刻に向かない。（略）その点でセミは大に違う。彼はその形態の中にひどく彫刻的なものを具えている。」

「セミの美しさの最も微妙なところは、横から翅を見た時の翅の山の形をした線にある。（略）木彫ではこの薄い翅の彫り方によつて彫刻上の面白さに差を生ずる。（略）すべて薄いものを実物のやうに薄く作つてしまふのは浅はかである。丁度逆なくらいに作つてよいのである。この事は彫刻全般、芸術全体の問題としても真である。むやみに感激を表面に出した詩歌が必ずしも感激を伝へず、がさつで、ダルである事があり、かへつて逆な表現に強い感激のあらはれる事のあるやうなものである。」

「知性」所収「蟬の美と造形」（昭和18・5）

なるほど、なるほど。蟬の「形態」は「彫刻的」な要素を持つのか。薄い羽を薄く彫ってはいけない。それは「浅はか」な判断なのだ。光太郎は蟬を語りつつ彫刻を語り、同時に芸術を語る。蟬をこれほど熱く語ることができるのかと驚かされもする。

ならば、パリの「ラリック」で「セミ」を見たとして、その瞬間に何も感じないはずはなかっただろう。むしろ発見があったのではないか。ジャポニスムやアール・ヌーヴォーをすでに知っていたはずの東京美術学校卒業の光太郎が、「ラリック」の動植物のデザインから何の印象も受けないはずはない。

奇跡のトライアングル

光太郎は、周知のとおりロダンの日本への紹介者だった。ロダンの彫刻に憧れてパリへ渡ったといってもいい。パリという街に強く憧れながら、一方で身の置き所のないほどにこの街から拒絶感を突きつけられた。光太郎はそう感じていた。そんな日々にあって彼の心を癒せるものがあったとしたらそれは何か。ヒリヒリとささくれだった、そして尖りきった神経は、彼自身が気づかないところで、幼少期から愛した蟬などの昆虫、草花に眼差しを寄せることになりはしなかったか。

「ラリック」は一九〇八年に「矢車菊」を象った小物入れ、一九〇九年には「シクラメン」を線描した香水瓶を発売した。完成された小品の美、というものをその目に見出したことだろう。

もちろん日本では江戸時代から優れた数々の工芸品を生み、明治時代になってからも宮川香山などの美術工芸品は欧米で開催の博覧会に出品され、人気を博して販売された。光太郎の父・光雲の優れた木彫の技も知る光太郎からすれば「ラリック」に驚愕することはなかっただろうが、日本的美の匂いをまとって西洋のエッセンスを集約したガラス小品の魅力は確認されたのではないか。

光太郎は一九二四（大正13）年以降、一九三一（昭和6）年にかけてさまざまな木彫作品を制作した。「鯰」「白文鳥」「栄螺」「柘榴」「桃」など。大正十年に復刊した与謝野寛の文芸誌「明星」誌上に「木彫小品　鳥虫魚介蔬菜蓏を頒つ」と称する広告を載せ、智恵子との生活の安定を図るべく制作に励んだ結果がこれだった。「申込及び御送金は小生宛又は『明星』発行所宛」との一文も見える。

そんな光太郎の彫刻小品にラリックの影を読み取ることは意味のないことだろうか。

近頃、箱根のラリック美術館に行った。企画展は「ラリックの花鳥風月　ジュエリーと、そのデザイン画」。花鳥風月という日本的美学をラリック作品にどう見るかという着眼は興味深かった。常設展も、何度見ても楽しい。

ある作品の解説プレートに目が止まった。ラリックの工房で働いた職人親子は、同じ時期にロダンの工房でも働いていた、という。

ああ、ロダンとラリックはここで繋がっていたのか。そんなことまで光太郎が知っていたとは思えないが、ロダンは光太郎が憧憬する第一の彫刻家だったから、ロダンとラリックと光太郎は奇跡的なトライアングルを描いて同時代の空気を吸っていたことになる。

日本はまことにまことに狭くるし野にねそべればひろきが如くに

「明星」（大正13）発表の光太郎の一首である。日本は本当に狭いとは息苦しいということだろう。こう詠む気持ちの中で比較された場所は間違いなくパリだったはずだ。光太郎はパリで、ロダンにもラリックにも会う機会はなかったが、彼らの本質を汲み取って持ち帰り、十五年を経て木彫小品に結晶化した。

光太郎が私のこの直感めいた感想をもし聞いたとしたら「そのようなことは断じてない」と反論するかもしれないが、今となっては言った者勝ちだ（と、妙に開き直って言う）。検証は研究者にお任せするとして、わくわくする想像は自由に述べさせていただきたい。「まことに狭くるし」い日本にあっての小さな我が儘である。

# あとがき

長く短歌という詩に関わってきた。関わりながら、短歌を離れたいろいろな文章も書いてきた。その道のりを辿って来た果てに、文章だけをまとめようと思い立った。昨年秋のことだ。まとめながら、相応の年月がぎゅっと凝縮されているのを改めて感じた。それは私の年齢が加算されていった歳月でもあった。

言葉をどう使うかの意識、何に関心を持ち好んだかの方向性、対象との距離の取り方などがゆっくり変化していくさまを、まるで他者の人生の一齣一齣の移ろいとして眺めることができた。そうでありながら、書いた時点での記憶のあれこれが生々しく蘇ってきた。小さなフィクションはおりおり挿入されることもあったが、やはり筆者である私の心の遍歴なのだろう。

収録したほとんどは季刊の小さな短歌誌「プチ★モンド」（一九九二年春、創刊）に発表した「真珠時間」と「琥珀時間」を発表順に収めた。ちょっと気取った章タイトルだけれど、一九九三年から連載してきた「真珠時間」は愛着があるのでそのまま用いた。「琥珀時間」は本書を編集する段階で新しく付けた章タイトルだが、もともとは同誌の短歌作品の掲載ページ下段に置いたエッセイを中心とする百回分の小文である。

なぜ真珠かと聞かれたら、天然の力がアコヤ貝の中でゆっくり作りなした奇跡のようなその珠の美しさをいかにも尊いものと思うから、と答えたい。琥珀も同様の理由。天然樹脂の化石であるそれは、気の遠くなるほどの時間をかけてこの世に現れた透明な一つの世界であり、それゆえに尊いとしか言いようがないのだ、と。

短歌は真珠や琥珀にも匹敵する詩だと思う。一三〇〇年もの歳月をかけて引き継がれ、時代の求めに応じて様式や作風を変え、多くの美しい作品を残して来た。

そう書き連ねながら軽い眩暈を覚えた。既視感がある。——ああそうか、北原白秋か。百年も前に書かれた詩的散文「桐の花とカステラ」（詩歌集『桐の花』所収）にある「短歌は一箇の小さい緑の古宝玉である」という有名な一節が心の基底に染みこみ、いつしか私の思いそのものとなったのかもしれない。ゆえに、「真珠時間」「琥珀時間」は短歌に心を寄せ続けた年月の総称とも言えようか。

「プチ★モンド」の表紙の裏に第3号から「真珠時間」はスタートした。当初はエッセイとも詩ともつかない短文を載せていたが、二年ほどして少しスタイルを変えようかと考え、短歌一首から触発された思いを心の赴くままに描くことにした。

短歌の選択はそのときどきの新刊歌集の中から季節感を含む歌とした。いつか一冊にまとめようといった意思も持たず、だから一人の歌人は一度きりという決まりなど設けることなく、歌人としてのキャリアも問わなかった。世代や男女のバランスも特に考慮していない。一方で、優れた歌人の優れた歌集を、毎月の講座用テキスト「名歌水先案内」において一冊ずつじっくり紹介させていただくことは多く、「真珠時間」とは別枠とした。今にして「真珠時間」に引用しなかったのを残念に思う。

「コラム」欄は読売新聞の歌壇欄に機会あって書かせていただいた八篇。日本の近代がテーマとなったものが多く、そこに夏目漱石、与謝野晶子、石川啄木などを絡めた。

初回の短歌「エマイユの瑠璃の燕よ古傷の消えぬこの胸よぎってくれぬか」は、かつてラリック美術館で観た美しい宝飾ネックレスを詠んだもの。瑠璃色の燕が小さな真珠を咥えるかの生き生きしたデザインは、記憶から消えることはなかった。

このたび本書の表紙に使わせていただくに当たっては、ひとえにラリック美術館の厚意にあずかった。真にありがたいことである。

「巻末エッセイ」は書き下ろし。パリ滞在の経験をもつ高村光太郎の文章を読み、ラリック作品への記述があったことを発端に両者の関係性をさぐってみた。ラリック美術館の浦川佳代子さまと「高村光太郎連翹忌運営委員会」代表・小山弘明さまには大変お世話になった。美術ジャンルに踏み込んで書く難しさは当然ながら、刺激的で学ぶものも大きかった。

最後に、本阿弥書店の奥田洋子さま、沼倉由穂さまには、細やかにして温かい心づかいをいただき、私のさまざまな希望をお聞き届けいただいた。心から感謝いたします。「プチ★モンド」は今年の春で百号を迎え、それを一つの区切りとしてまとめた本書だが、このような美しい本に仕上げていただいたことを本当に幸福なことと噛み締めている。

新緑の季節の中で

松平盟子

# 引用歌人索引

## 著者略歴

松平　盟子（まつだいら　めいこ）

愛知県生まれ。南山大学文学部卒。歌人、与謝野晶子研究家。「帆を張る父のやうに」により角川短歌賞。歌集に『シュガー』『プラチナ・ブルース』（河野愛子賞）『カフェの木椅子が軋むまま』『天の砂』『愛の方舟』など多数。著書に『母の愛 与謝野晶子の童話』『パリを抱きしめる』『百人一首 練習帳』『文楽にアクセス』など。パリ滞在の与謝野晶子研究のためパリ第７大学に研究留学（国際交流基金フェローシップ／1998年～99年）。歌誌「プチ★モンド」編集発行人。日本文藝家協会会員。現代歌人協会会員。与謝野晶子ら明星派文学研究グループ「明星研究会」所属。

---

真珠時間《しんじゅじかん》
～短歌《たんか》とエッセイのマリアージュ

平成三十年七月二十四日　発行

定　価　本体二六〇〇円（税別）

著　者　松平　盟子

発行者　奥田　洋子

発行所　本阿弥《ほんあみ》書店

東京都千代田区神田猿楽町二―一―八　三恵ビル

〒一〇一―〇〇六四

電　話　〇三（三二九四）七〇六八（代）

振　替　〇〇一〇〇―五―一六四四三〇

印　刷　日本ハイコム

---

ISBN978-4-7768-1371-2　C0092（3087）　Printed in Japan